LA
SCIENCE DU TRAVAIL
ET
SON ORGANISATION

PAR

Le Dʳ JOSEFA IOTEYKO

ANCIEN CHEF DU LABORATOIRE DE PSYCHO-PHYSIOLOGIE
A L'UNIVERSITÉ DE BRUXELLES
LAURÉATE DE L'INSTITUT ET DE L'ACADÉMIE DE MÉDECINE
CHARGÉE D'UN COURS SUR LA « FATIGUE »
AU COLLÈGE DE FRANCE EN 1916

> *Le Moteur humain et la mesure de la fatigue professionnelle.
> — Le système Taylor. — Mesure des aptitudes. — Compa-
> raison anthropologique des sexes au point de vue de la force et
> de la résistance. — Alimentation et travail. — Rééducation
> de la main gauche chez les mutilés. — Les méthodes belges
> d'enseignement technique et l'Université du Travail.*

PARIS
LIBRAIRIE FÉLIX ALCAN
108, BOULEVARD SAINT-GERMAIN, VI

LA SCIENCE DU TRAVAIL

ET

SON ORGANISATION

PRINCIPAUX TRAVAUX DU MÊME AUTEUR

La fatigue et la respiration élémentaire du muscle. — Thèse pour le doctorat en médecine. Paris, 1896, Ollier-Henri.

Fatigue. — Article du dictionnaire de physiologie de Ch. Richet, extrait de 200 p. 1903. Paris, Alcan.

Psycho-physiologie de la douleur. — (En commun avec M. Stefanowska), Vol. 250 pages, Paris, Alcan, 1909, couronné par l'Institut de France.

La fonction musculaire. — Vol. de 417 p. Paris. Doin, 1909, Couronné par l'Institut de France.

Entraînement et fatigue au point de vue militaire. — Vol. de 100 p , 1905, Misch et Thron, Bruxelles.

Études sur la contraction tonique du muscle strié et ses excitants. — Mémoires de l'Académie royale de Médecine de Belgique. 1902, extrait de 100 p. avec figures, couronné par l'Institut.

Recherches algésimétriques (en commun avec M. Stefanowska). — Bulletin de l'Académie royale de Belgique, classe des Sciences. 1903, extrait de 80 p.

Recherches expér. sur la résistance des centres nerveux médullaires à la fatigue. — Annales de la Soc. Roy. des Sciences méd. et nat. de Bruxelles. 1899, extrait de 54 p.

Les lois de l'Ergographie. — Bulletin de l'Académie Royale de Belgique, classe des Sciences. 1904, extrait de 172 p.

La Revue Psychologique. — Publication trimestrielle paraissant à Bruxelles depuis 1908 sous sa direction.

Travaux du 1er congrès international de Pédologie, tenu à Bruxelles en 1911. — Deux volumes publiés par ses soins, Misch et Thron. Bruxelles, 1912.

Résumé de ses travaux scientifiques. — 1906 (103 numéros), Gand.

LA
SCIENCE DU TRAVAIL
ET
SON ORGANISATION

PAR

Dr JOSEFA IOTEYKO

ANCIEN CHEF DU LABORATOIRE DE PSYCHO-PHYSIOLOGIE
A L'UNIVERSITÉ DE BRUXELLES
LAURÉATE DE L'INSTITUT ET DE L'ACADÉMIE DE MÉDECINE
CHARGÉE D'UN COURS SUR LA « FATIGUE »
AU COLLÈGE DE FRANCE EN 1916.

Le Moteur humain et la mesure de la fatigue profession-
nelle. — Le système Taylor. — Mesure des aptitudes. —
Comparaison anthropologique des sexes au point de vue de
la force et de la résistance. — Alimentation et travail. —
Rééducation de la main gauche chez les mutilés. — Les
méthodes belges d'enseignement technique et l'Université du
Travail.

PARIS (6e)

LIBRAIRIE FÉLIX ALCAN

108, BOULEVARD SAINT-GERMAIN, 108

—

1917

entre la science et l'industrie s'impose dans un avenir proche ; l'importance de cette alliance grandira encore après la crise actuelle, lorsqu'un besoin de renouveau et d'activité accélérée se fera sentir. Or, les événements ont rendu la main-d'œuvre rare : il est donc nécessaire de la suppléer en partie par une organisation scientifique du travail aussi parfaite que possible. Une bonne partie de la vie sera en reconstruction. Il importe que cette reconstruction puisse se faire bien d'emblée, qu'elle soit basée sur des règles scientifiques, que les tâtonnements douloureux du passé puissent lui être épargnés.

Cette nécessité a été si bien comprise que l'attention de l'Académie des Sciences de Paris a été récemment attirée par l'importance du problème et que diverses mesures ont été proposées.

Dans le présent volume, nous envisageons certains côtés de la question, en y apportant des contributions personnelles recueillies aux cours de travaux poursuivis depuis de longues années déjà sur le problème de la fatigue dans la fonction motrice.

Quatre problèmes seront examinés :

Le premier concerne le *Moteur humain*, et ici la question de l'apprentissage, du mode de fonctionnement économique de l'organisme et de la mesure de la fatigue professionnelle en constitue la partie principale.

Le second est consacré au *système Taylor*, qui fait tant parler de lui en ce moment.

Le troisième se rapporte à l'*Aptitude au travail de la main droite et de la main gauche*, question dont l'importance est devenue très actuelle à cause du nombre considérable des mutilés de la guerre. Nous y examinons successivement : l'évaluation de la force et de la résistance de chaque main, comparativement chez l'homme et chez la femme ; nous exposons une nouvelle théorie de la droiterie qui nous est personnelle, nous donnons quelques règles de rééducation motrice chez les mutilés et envisageons les procédés d'écriture de la main gauche.

Enfin, le quatrième problème se rattache

à l'exposé des *Méthodes belges d'éducation technique*. Nous avons cru qu'il n'était pas sans intérêt de les faire connaître alors que la Belgique occupe le premier rang dans la productivité, en tenant compte du nombre de ses habitants. Cette productivité, elle la doit à ses méthodes d'enseignement industriel et technique.

Nous pensons que l'intérêt des problèmes soulevés justifiera la publication de cet essai et en soulignera l'actualité.

L'Auteur.

Paris, janvier 1917.

I

LE MOTEUR HUMAIN

1. — DÉFINITION DU PROBLÈME

Parmi les nombreuses recherches entreprises par la science moderne sur l'homme, celles qui se rattachent à son aptitude physique au travail comptent certainement au nombre des plus importantes. L'être humain est envisagé comme un moteur auquel on fournit de l'énergie chimique et il la restitue au monde extérieur sous forme de travail mécanique et de chaleur.

Les animaux sont en tout comparables à des moteurs qui transforment l'énergie qui leur a été livrée. Mais, à la différence des moteurs inanimés, le cycle des transformations n'est pas réversible chez le moteur vivant et l'énergie qui lui est livrée doit être invariablement d'ordre chimique. En outre, le moteur vivant ne peut fonctionner que d'une façon intermittente, la fatigue et le besoin du sommeil venant interrompre forcément le cours de son activité.

L'étude du moteur humain peut être faite à deux points de vue très différents. D'une part, il s'agit de *recherches de laboratoire* ayant pour but principalement de vérifier les lois de la transformation d'énergie chez l'être vivant. Des études pareilles ont été poursuivies dans tous les pays, principalement par Chauveau à Paris, Atwater et Benedict aux États-Unis, Rübner, Zûntz, Loewy, en Allemagne. Rappelons aussi le laboratoire d'Energétique créé par Ernest Solvay près l'Institut de Physiologie de l'Université de Bruxelles. Ce laboratoire n'a existé que quatre années. Parmi les travaux accomplis, citons nos recherches sur le muscle faites en collaboration avec Ch. Henry : Sur une loi de décroissance de l'effort à l'ergographe (C. R. de l'Acad. des sciences, 30 mars 1903); Sur l'équation générale des courbes de fatigue (C. R., 24 août 1903); sur les modifications des constantes ergographiques dans diverses conditions expérimentales (C. R., 24 mai 1904); Sur une relation entre le travail et le travail dit statique, énergétiquement équivalents à l'ergographe (C. R., 28 décembre 1903); Sur la mesure et sur les lois des variations de l'énergie disponible à l'ergographe suivant la fréquence des contractions et le poids soulevé (C. R., 21 novembre 1904).

En utilisant l'appareil connu sous le nom de *chambre calorimétrique*, Atwater a pu soumettre le travail aussi bien physique qu'intellectuel de l'homme à une mesure des plus rigoureuses au point de vue de ses transformations énergétiques.

Il y a, d'autre part, *le domaine appliqué à l'étude du travail industriel* et cette étude se poursuit aussi bien dans les laboratoires que dans les usines, ateliers. Le but immédiat de ces recherches est très différent du premier. Il n'est pas impossible, dans les limites infranchissables de la loi de la conservation de l'énergie, d'imprimer au moteur humain une activité qui favorise le dégagement de telle forme de l'énergie plutôt que de telle autre ; nous avons en vue l'énergie extérieure, mécanique, la seule utilisable dans les travaux industriels, et qui de ce fait doit prendre le dessus sur l'énergie intérieure, non utilisable. D'après le principe de la conservation de l'énergie, vérifié sur le muscle d'une façon indiscutable, la chaleur dégagée et le travail mécanique produit se trouvent dans un rapport d'équivalence tel que, ce que le moteur humain gagne d'un côté, il le perd de l'autre. Aussi bien, le travail statique est souvent stérile, se convertissant intégralement en chaleur et en déterminant une fatigue intense. Le principe général de la production du travail utile était admis, il y a encore lieu de faire le triage des mouvements les plus appropriés, les plus adaptés au but que l'on se propose d'atteindre ; tels mouvements sont fatigants et peu productifs, soit qu'ils s'exécutent avec une lenteur trop grande, ou avec un effort disproportionné au résultat acquis, soit enfin parce qu'ils sont mal localisés, devant s'accomplir plutôt avec telle articulation qu'avec une autre, etc., etc.

De là la tendance de soumettre à une étude expérimentale les modes de fonctionnement de l'organisme et de trouver les meilleures conditions de travail, de dépister la fatigue et de poser les bases scientifiques du travail industriel. Nous pouvons appeler *Science du travail* les résultats des efforts des savants, poursuivis dans cette direction, car bien que cette étude soit seulement à ses débuts, elle a pour elle toutes les recherches antérieures de la science pure, lesquelles viennent lui donner leur appui autorisé dans cette belle tentative de faire profiter la classe ouvrière des découvertes physiologiques et psychologiques de notre siècle. L'un des promoteurs de cette idée a été le regretté Hector Denis, député à la Chambre belge, lequel avec une

ardeur incomparable ne cessait d'encoura-
ger nos concitoyens dans cette voie des recherches dont il entrevoyait tout l'intérêt et
l'utilité.

2. — Le problème de l'apprentissage

L'évolution industrielle donne une importance croissante au facteur psychique dans
le travail ouvrier, dit Omer Buyse (1), ancien
directeur de l'*Université du travail*, à Charleroi, actuellement de celle de Bruxelles.
Le phénomène connu sous le nom de « crise
de l'apprentissage » serait dû, d'après le
même auteur, principalement à la discordance entre l'ancienne forme de l'apprentissage et les capacités techniques requises
par l'industrie de nos jours. L'homme ne
travaille déjà plus que très rarement comme
un moteur physique dans les industries de
la vieille Europe. L'homme travaille de plus
en plus comme un appareil psycho-physio-

(1) Omer BUYSE, *Le problème psycho-physique de
l'Apprentissage* (Revue Psychologique, vol. III, 1910,
p. 577-599, Bruxelles).

logique. Le problème du travail industriel ne peut donc être traité uniquement comme une branche de la mécanique appliquée aux sciences naturelles; il s'y mêle un *élément psychique* qu'on connaît par ses manifestations, mais dont on ignore encore les causes. L'importance croissante du facteur psychique doit déplacer l'axe des recherches dans le domaine psycho-physiologique. Le mode de travail, l'effort dynamique, la durée des pauses, etc., apportent à la dépense d'énergie et à la quantité de travail utile fournie des éléments de variation dépendante des qualités psychiques de l'individu au point de vue des variations des rendements en quantité et en qualité (Buyse).

Omer Buyse s'est efforcé de mettre en évidence les facteurs psycho-physiologiques qui interviennent dans *l'apprentissage* dans les métiers de bois et de fer, en suivant pendant quelques mois, au jour le jour, le travail de quatre jeunes ouvriers diversement avancés et, en outre, celui des élèves ajusteurs-mécaniciens, électriciens, modeleurs et menuisiers de l'École professionnelle. De ces observations un fait dominant se dégage : à travers toutes les transformations subies par l'industrie, *la valeur de la main-d'œuvre est et restera toujours l'élément décisif dans le développement de la capacité de production.* Les ingénieurs et les inventeurs s'appliquent sans relâche à perfectionner l'outillage et les moyens de fabrication en s'inspirant des données fournies par la science ; mais les expériences ne semblent pas avoir porté une attention suffisante au perfectionnement du moteur humain. L'introduction de l'outillage automatique et semi-automatique et de la fabrication sérielle modifient profondément les qualités requises de l'ouvrier. Dans quelles conditions le travail professionnel ouvrier doit-il s'accomplir pour atteindre le rendement le plus économique ? On peut admettre comme possible d'élucider cette question par les investigations de la physiologie expérimentale combinées avec les mensurations de nature mécanique faites sur des éléments du travail professionnel. On peut espérer que des études systématiques nous conduiront bientôt à la connaissance exacte des qualités physiologiques et psychologiques sur lesquelles repose l'aptitude d'un ouvrier au travail professionnel, dit avec juste raison Omer Buyse. L'orientation que certains praticiens de l'enseignement technique, collaborant avec des physiologistes expérimentateurs, donnent actuellement à leurs recherches, permet d'entrevoir le moment prochain où ils se transporteront avec leurs appareils enregistreurs dans les usines, les ateliers et sur les chantiers pour y faire des observations scientifiques sur l'apprentissage et le travail professionnel ouvrier. L'examen du problème économique du travail industriel se ramène à deux termes : le sujet, la puissance, l'apprenti, l'ouvrier ; l'objet, la résistance, le travail à accomplir dans les métiers-types.

L'attitude du sujet dans son travail a une grande influence sur son rendement, poursuit Omer Buyse. En recherchant le degré volontaire d'économie d'énergie qu'il est possible de réaliser dans le maniement des outils traditionnels, en prescrivant des attitudes qui conduisent à la dépense minima pour un travail donné, les travaux de laboratoire auraient une influence considérable sur le rendement de l'ouvrier.

Ainsi, dit Buyse, l'entraînement ou l'accoutumance (état antagoniste de la fatigue) a pour effet d'augmenter l'aisance, la vitesse, la sûreté et l'uniformité d'un acte déterminé par la répétition de cet acte. Il peut se ramener à un fait : l'adaptation de l'appareil psycho-physique à certaines conditions particulières de fonctionnement. Par la répétition d'un mouvement on acquiert l'aptitude à le faire sans l'intervention consciente de la volonté et de l'attention ; l'entraînement réalise donc une économie de flux nerveux et allège la charge du système nerveux central. En second lieu, sous l'influence de l'entraînement, s'opère la suppression des mouvements involontaires qui viennent, au début coopérer au mouvement principal.

Ces mouvements involontaires sont le signe caractéristique de l'inaptitude et constituent un gaspillage d'énergie. L'exercice amène l'organisme à mettre hors-circuit les muscles dont l'action est onéreuse et à ne faire déclancher que les muscles qui font le travail le plus économiquement et avec le minimum d'effort. La mécanisation du travail qui résulte de l'entraînement atteint son maximum dans les mouvements exécutés par les petits muscles dont la dépense de flux d'excitation dans des contractions isolées est manifestement moindre que celle qui exige la mise en activité de gros muscles. L'introduction des machines dans la production a allégé la tâche des gros muscles au détriment des petits. *Le principe des petits muscles est à la base de l'évolution du travail.*

Un élément constitutif important de l'intelligence professionnelle est *l'attention volontaire et la concentration*. C'est ainsi qu'au milieu des bruits et incidents de l'usine, l'ouvrier conducteur d'outils reste orienté vera les opérations qu'accomplit l'outil dans son travail. Les aptitudes psycho-physiques particulièrement favorables au travail professionnel semblent être, d'après Buyse, la rapidité des mouvements et la précision du mouvement; ces caractéristiques sont l'expression du degré de contrôle que le sujet possède sur ses mouvements et leur coordination.

Un autre indice d'aptitude apparaît dans un phénomène intéressant qui accompagne la période d'apprentissage : c'est l'évaluation de la quantité d'effort qui viendra à bout de la résistance de l'outil dans les travaux professionnels.

L'évaluation porte sur deux quantités différentes: 1° l'effort musculaire aboutissant à l'exécution du travail; 2° l'effort nerveux dû au fait que les centres nerveux envoient, d'après Ioteyko, aux muscles des excitations d'autant plus grandes que l'inertie du muscle est plus grande (Buyse).

Nos recherches (1) avaient montré, en

(1) J. Ioteyko, *Les lois de l'Ergographie*, Etude phy-

effet, que l'intensité de l'effort nerveux croît toutes les fois que les conditions mécaniques du travail des muscles deviennent plus difficiles et inversement, que l'intensité de l'effort nerveux diminue quand le travail musculaire à faire devient plus facile (loi de l'économie de l'effort). Il y a là une autorégulation remarquable de l'effort nerveux, les difficultés du travail agissant comme un excitant sur les centres nerveux.

Buyse examine la question au point de vue de l'apprentissage. Cette autorégulation s'acquiert par l'expérience et repose sur une évaluation de l'intensité de l'effort à faire pour exécuter le travail, vraisemblablement par la perception de la fatigue résultant de ce travail. L'apprentissage, qui tend à réaliser le travail économique, est le régulateur de l'effort nerveux d'après l'effort muscu-

siologique et mathématique. Bull. de l'Académie de Belgique, classe des Sciences, 1905, pp. 557-726 ; Deuxième Edition dans les Annales d'Electrobiologie, 1905. — Voir aussi ; J. Ioteyko. *La loi de l'économie de l'effort en dynamique nerveuse.* Com. au VI° Congrès intern. de Physiologie, Bruxelles, 1904.

laire. Les tâtonnements musculaires et nerveux, comme les jugements successifs des
efforts, ne sont pas des essais faits au hasard.
Ils sont méthodiques et la méthode consiste,
en présence de l'effort inconnu à faire, à
attaquer l'acte selon la suggestion de l'expérience passée et à tirer parti d'une série
d'erreurs, successivement reconnues, pour
mieux ajuster chaque fois l'excitation neuro-
musculaire au jugement porté sur l'effort.
L'apprentissage des métiers se fait suivant
la méthode expérimentale. Un apprenti qui
n'a aucune expérience quant à l'effort nécessaire pour couper le bois, se prépare à
faire un effort considérable pour réussir
l'opération; il essaie et se fait ainsi une
idée, un jugement quant à l'évaluation de
l'effort à réaliser. Faire des hypothèses, dit
Buyse, les mettre à l'épreuve par l'expérience, les rectifier jusqu'à ce qu'on par-
vienne à une conclusion provisoire ou définitive, faire sortir de l'erreur une erreur
moindre jusqu'à ce que l'on approche de la
vérité, c'est tout simplement appliquer la

méthode expérimentale, la méthode de la découverte.

II. — MODE DE FONCTIONNEMENT ÉCONOMIQUE DE L'ORGANISME

Les recherches de Mosso et de ses collaborateurs à l'Université de Turin ont ouvert la voie à ces recherches. Elles sont trop bien connues pour devoir être relatées ici. Une étude approfondie a été faite par les physiologistes italiens sur les conditions diverses du travail *optimum*, en fonction de la charge à soulever, de la vitesse de contraction, des intervalles de repos, etc.

A la suite de notre thèse de doctorat en médecine, faite à Paris dans le laboratoire de Ch. Richet, nous avons consacré à l'Institut de Physiologie de Bruxelles et dans d'autres laboratoires plus de quinze ans à l'étude de la fatigue physique ou intellectuelle (1).

(1) Voir quelques-unes de nos publications : *Fatigue*

Nous devons à Imbert, professeur à la Faculté de Médecine de Montpellier, une étude fort attachante sur le mode de fonctionnement économique de l'organisme (1). Il ne dépend pas de notre volonté de modifier la forme de nos muscles; mais il n'est pas indifférent de savoir si oui ou non nos divers muscles, en tant que moteurs, ont des formes naturelles assez défectueuses pour entraîner une dépense inutile d'énergie. En raison même des conditions mécaniques dans lesquelles les leviers de l'organisme interviennent, l'intensité de la force de con-

(Article du Dictionnaire de Physiologie de Ch. Richet, près de 200 p., 1903); *La Fonction musculaire* (Doin, Paris, 1909); Le quotient de la Fatigue (C. R. de l'Académie des sciences, 1900) ; Effets du travail de certains groupes musculaires sur d'autres groupes qui ne font aucun travail (*Ibid.*, 1900); Participation des centres nerveux aux phénomènes de fatigue musculaire (Année Psychol., VII, 1900); Le travail des centres nerveux spinaux (C. R., 1900); Les lois de l'Ergographie ; étude physiologique et mathématique (Travaux de l'Institut Solvay de Physiologie, brochure de 172 p., 1904).

(1) A. Imbert, *Mode de fonctionnement économique de l'organisme*. Collection *Scientia*, 1902.

traction musculaire est variable pendant le déplacement d'une charge, ou même pendant le soutien statique d'un poids, suivant la position du levier osseux utilisé. Or, il dépend en général de notre volonté d'adopter telle ou telle position du levier osseux pour l'accomplissement d'un travail extérieur déterminé et d'agir ainsi sur la dépense totale d'énergie. C'est une idée séduisante, dit Imbert, que celle qui consiste à penser que notre organisme, en tant que machine productrice de travail, est construit sur un modèle général et présente un accord de fonctionnement tel que toute dépense inutile d'énergie soit, ou du moins puisse être évitée. Ce point de vue est inexact. Et même la fatigue, qui semble être le critère le plus important de la dépense, peut correspondre à des dépenses d'énergie différentes, si l'on compare des moteurs divers, des sujets qui ne se trouvent pas dans des états identiques de fonctionnement. D'autre part, la notion de travail mécanique, qui est indépendante du temps employé à l'effec-

luer, est purement abstraite et insuffisante
en énergétique animale. Si c'est par la fatigue que nous voulons juger de la dépense
totale d'énergie, il faudra que les limites
entre lesquelles cette dépense pourra varier
soient assez étendues, afin qu'il en résulte
des variations de sensation assez grandes
pour qu'elles puissent être nettement per-
çues par l'organisme. Imbert voudrait que
les enfants fussent écartés de ces expériences. Pour eux, l'exercice physique, la
dépense d'énergie mécanique est une nécessité physiologique, presque aussi absolue
que l'alimentation ; ils dépensent pour le besoin de dépenser ; ils courent et sautent au
lieu de s'en tenir à l'allure économique de
la marche, préfèrent même la pénible
ascension le long d'une corde à la montée
moins fatigante d'un escalier. La préoccupation naturelle et inconsciente des enfants
n'est pas, comme celle de l'homme fait, de
réaliser la meilleure utilisation de force,
mais bien de provoquer par l'exercice le développement normal du moteur humain. Ils

ne constituent pas, en somme, des moteurs achevés, mais des moteurs en voie de formation. A l'opposé des enfants se trouvent les convalescents considérés au point de vue de l'utilisation de leurs forces. Ils veillent à réaliser la plus stricte économie de force ; aussi s'ingénient-ils à diminuer la consommation de travail qui correspond aux déplacements verticaux du centre de gravité.

Imbert cite le fait intéressant étudié par Haughton et relatif au chemin parcouru par des pêcheuses anglaises. Ces femmes, qui s'occupent de la pêche des coquillages, doivent parcourir le chemin qui les sépare de leur village à la côte. Le terrain à parcourir se compose de deux parties bien distinctes, quant à la facilité de la marche : une partie ferme et résistante à la pression des pieds et une autre partie sablonneuse, dont le défaut de consistance nécessite une plus grande dépense d'énergie pour la progression à une même allure. A cause de cette particularité, le chemin qui correspond à la moindre dépense d'énergie n'est pas la route

géométriquement la plus courte, c'est-à-dire
la ligne droite, car on aurait ainsi à faire un
parcours trop long sur la partie mouvante
du terrain. Aussi n'est-ce pas cette route
que suivent les pêcheuses, mais ce n'est pas
non plus celle qui correspond au minimum
de trajet sur un sol sablonneux. Le chemin
choisi est intermédiaire entre les deux
routes précédentes et c'est bien celui qui
correspond à la dépense minima d'énergie.
Haughton a déterminé mathématiquement
la loi suivant laquelle s'opère la marche dans
ce cas, et il a obtenu sensiblement la loi élémentaire de la réfraction et l'on sait qu'en
obéissant à cette loi, le mouvement vibra-
toire lumineux se propage d'un point à
l'autre dans un temps minimum.

On pourrait citer d'autres exemples analogues ou puisés dans des domaines différents, mais démontrant tous la préoccupation constante de réduire au minimum notre
dépense d'énergie. Telle est la loi de Listing,
se rapportant aux mouvements du globe
oculaire; en nous conformant à cette loi,

nous effectuons le minimum de travail.

En général, c'est par une inclinaison du corps en avant, que nous arrivons à diminuer l'amplitude des mouvements verticaux du centre de gravité. Aussi prenons-nous cette attitude penchée dans la marche rapide ou lors de la fatigue ou encore quand nous sommes surchargés d'un assez lourd fardeau, c'est-à-dire dans les diverses circonstances pour lesquelles il devient nécessaire de déployer le maximum d'effort.

Imbert attire l'attention sur les muscles *antagonistes*. Il y a peu de muscles qui soient réellement antagonistes (tels sont, par exemple, les muscles droits interne et externe de l'œil). D'autres muscles sont ou bien directement concordants, ou bien, sans cesser d'être antagonistes, comme l'a fait remarquer Demeny, peuvent concourir cependant simultanément à la réalisation d'un même effet. On voit par exemple que, dans les mouvements lents et à vitesse uniforme, il y a contraction simultanée des deux muscles antagonistes. Or, une force agissant constamment et toujours dans le même sens, sur un corps, lui imprime un mouvement accéléré ; par suite, la constance de la vitesse ne peut être obtenue que si l'action du muscle fléchisseur ou extenseur est à chaque instant contre-balancée par une action inverse du muscle antagoniste, dont l'intervention est indispensable. Il en est autrement lors de l'exécution des mouvements rapides. La raison mécanique de l'intervention de l'antagoniste n'existe plus alors ; aussi les tracés indiquent-ils que ce muscle reste relâché, sauf à intervenir à la fin du mouvement pour annuler la vitesse. Il s'agit dans tous ces cas de réduire la dépense et augmenter le travail.

Il en serait de même de la forme des muscles, laquelle, suivant les observations de Haughton, est strictement adaptée au genre de travail à exécuter, tel le cœur, par exemple, et l'enroulement complexe de ses fibres répondrait à l'utilisation intégrale du travail fourni par cet organe. W. Roux a d'ailleurs démontré l'harmonie parfaite de la forme des muscles avec les conditions de leur travail. Les variations de longueur des fibres s'adaptent à l'étendue des mouvements que les muscles ont à effectuer et nous voyons les fibres musculaires se transformer spontanément en tendons sur une partie de leur longueur et réciproquement. Marey a définitivement résolu le problème dans le sens affirmatif.

En dernier lieu, Imbert cite les travaux de Chauveau à qui il a été réservé de découvrir les lois principales de l'énergétique musculaire. Ces recherches étant du domaine classique, nous ne les résumerons pas ici, mais rappelons qu'elles ont trait principalement à l'évaluation du travail interne des muscles, e : vertu du principe de l'équivalence qui régit toutes les transformations énergétiques. Ces expériences ont porté sur les fléchisseurs de l'avant-bras de l'homme, dont les conditions de travail variaient suivant les circonstances.

De toutes ces expériences, dit Imbert, il ressort que, dans les actes mécaniques de

même que dans la consommation de l'énergie interne des muscles, on reconnaît sûre-
ment la préoccupation inconsciente et constante de réduire au minimum la dépense
totale d'énergie et la réalisation volontaire
des conditions mécaniques qui correspon-
dent à cette dépense minima. L'organisme
apparaît ainsi comme apte à apprécier l'influence de deux ordres de conditions, les
unes extérieures et de nature mécanique,
les autres intérieures et de nature physiologique ; il sait donc tenir compte à la fois des
lois mathématiques et des lois biologiques,
mais c'est toujours par le même procédé
qu'il porte un jugement sur des conditions
dissemblables dans leur essence. Le fonctionnement du moteur animé est influencé,
en effet, par ce fonctionnement même : tout
travail suffisamment considérable en durée et
en quantité par une unité de temps, entraîne
la fatigue, et c'est en réalité avec la préoccupation constante d'écarter la fatigue que
nous réglons notre fonctionnement (Imbert).

Le rôle phylactique (défensif) de la fatigue, dont nous nous sommes occupés dans une publication antérieure (1), trouve ici pleine confirmation.

Nous avons vu précédemment avec Buyse, que lors de la phase d'entraînement, c'est-à-dire de l'adaptation psychique au travail, nous acquerrons la conscience de l'effort nerveux qui est nécessaire pour vaincre la résistance extérieure.

Tout d'abord, les mouvements s'accompliront avec une grande déperdition de l'énergie, mais les essais successifs mènent à l'économie des mouvements. Le *moment* décisif est ici la conscience de l'effort nécessaire. Dans les observations se rattachant au mode de fonctionnement économique de l'organisme (en dehors de la phase d'apprentissage), ce *moment* décisif qui règle la consommation est le sentiment de la fatigue. Or, l'effort et la fatigue sont des sentiments analogues, car un grand effort conduit invariablement vers la fatigue, et

(1) J. Ioteyko, *Les Défenses psychiques. I. La douleur. II. La Fatigue.* Revue philosophique, février 1913.

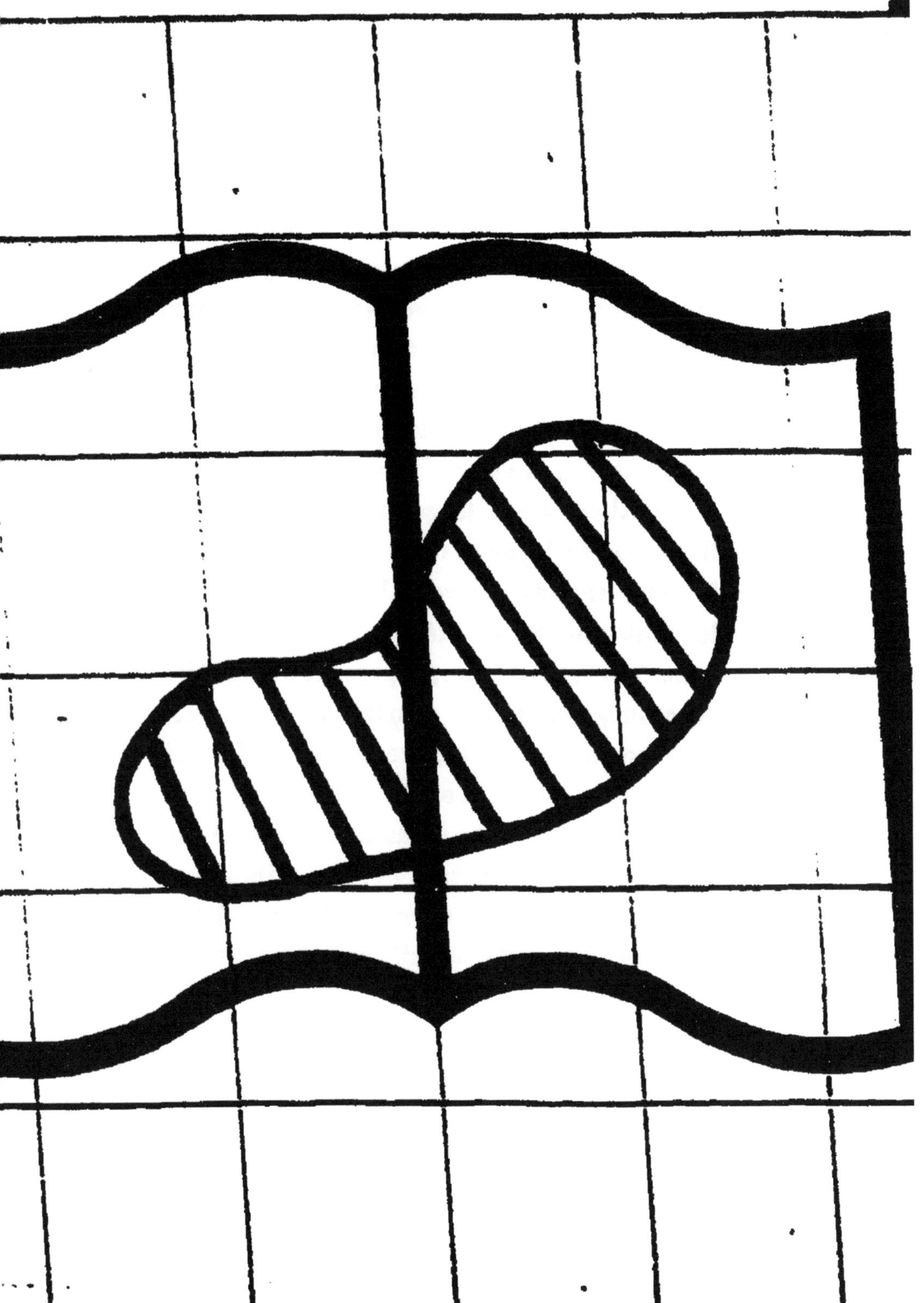

lorsqu'un jeune apprenti acquiert avec le temps les mouvements qui sont les meilleurs, c'est parce qu'il s'est convaincu expérimentalement qu'ils s'accompagnent du minimum de fatigue.

Nous avons donc le droit d'affirmer, que le facteur psychique qui règle la dépense du moteur humain, qui mène au travail le plus économique, le facteur déterminant la machine animale à l'adaptation aux meilleures conditions de travail, qui transforme même la forme des muscles en rapport avec leur destination, c'est le sentiment de la fatigue. On sait que la fonction crée l'organe. L'importance évolutive de la fatigue apparaît ici dans toute sa netteté.

Les mouvements impropres, mal adaptés, accompagnés d'un gaspillage d'énergie, sont en même temps ceux qui fatiguent le plus ; or, la fatigue et la douleur sont les états d'âme que nous tâchons d'éviter par l'effort de toute notre vie. La fatigue est la conscience du surmenage, résultant soit d'un excès de travail, soit d'un travail peu productif, accompagné de gaspillage.

La fatigue est-elle souveraine? Elle ne l'est certes pas plus que toutes les autres défenses psychiques, telles, la douleur, par exemple, dont le rôle phylactique a été si bien étudié par Charles Richet. Même la loi générale de la peine et du plaisir peut, dans certains cas, être contraire au bonheur. Le rôle de la fatigue ne pourra s'exercer qu'entre certaines limites. Comme tous les sentiments, la fatigue est sujette à des illusions, à des oscillations, elle peut être insensibilisée dans certains états pathologiques ou, au contraire, développée outre mesure sans cause apparente. Elle est en outre sous la dépendance des conditions du travail. On comprend facilement que les aberrations sont plus fréquentes lorsque le travail est très compliqué, tel par exemple, que le travail industriel. Ainsi Le Châtelier s'élève avec juste raison contre cette supposition que les bons ouvriers savent bien utiliser eux-mêmes leurs forces pour obtenir avec le minimum de fatigue un résultat donné.

Si on prend l'exemple du transport des fardeaux, mouvement relativement simple, on trouve d'après Taylor que le travail est fonction de six variables, qui sont : poids transporté à chaque voyage, distance parcourue, inclinaison du chemin, vitesse à pleine charge, vitesse à vide au retour et temps de repos. L'ouvrier ne pourrait en aucun cas trouver dans ces conditions la meilleure utilisation de son travail mécanique.

Dans d'autres conditions on a compté douze variables et plus. Taylor a consacré vingt-cinq ans de sa vie à faire les calculs précis sur ces variables. Leur grand nombre empêche toute orientation de la part de l'ouvrier. Nous pouvons conclure que le sentiment de la fatigue cesse d'être réellement efficace dans ces conditions compliquées que ne pouvait d'ailleurs prévoir la nature. Ce sentiment perd ici en partie sa signification biologique. Il n'y a certes ici aucune discordance avec les lois naturelles. L'organisme tout bonnement n'est pas adapté à ces

nouvelles fonctions que lui impose l'industrie moderne. En conséquence, ce n'est plus
le sentiment de la fatigue qui pourra être ce
moment décisif auquel appartient le rôle de
régulateur du travail *optimum*. Lorsqu'il
s'agit de travail industriel, ce rôle sera dé-
volu à un autre facteur. Nous avons en vue
les *recherches scientifiques* sur les conditions
même du travail, les mesures de la fatigue non
seulement subjective, mais encore objective.

4. — LA MESURE DE LA FATIGUE PROFESSION-NELLE

La question ouvrière ne pourra jamais être
résolue que grâce à l'intrusion de la physiologie et de la psychologie dans ce domaine (1).
Ainsi, en nous basant sur des faits constatés
par Mosso et sur d'autres considérations,
nous arrivions à conclure que la fatigue
croît beaucoup plus vite que le travail (2).

(1) J. IOTEYKO, *La Mesure de la fatigue professionnelle*,
(Revue psychologique, II, 1909, p. 53). Bruxelles

(2) J. IOTEYKO, *Les Défenses psychiques*. Revue philosophique, février 1918.

Cet article renferme d'autres détails sur la question.

Ainsi Mosso(1) a montré, avec l'ergographe, que l'épuisement de notre corps ne croît pas en proportion directe du travail effectué, et que pour des travaux deux ou trois fois plus forts, notre fatigue ne sera pas double ou triple. Un travail effectué par un muscle déjà fatigué agit d'une manière plus nuisible sur ce muscle qu'un travail plus grand accompli dans des conditions normales. L'organisme ne peut être assimilé à une locomotive qui brûle une quantité donnée de charbon pour chaque kilomètre de chemin parcouru ; quand le corps est fatigué, une faible quantité de travail produit des effets désastreux. Dans ces expériences, l'accumulation de la fatigue a été mesurée au moyen du temps nécessaire à la réparation complète.

Nous avons étudié (2) l'accumulation de la fatigue au moyen de courts repos intercalés entre les courbes ergographiques. Le même

(1) A. Mosso, *La fatigue intellectuelle et physique*, Paris, F. Alcan, 1894.
(2) J. Ioteyko, *Les lois de l'Ergographie* (déjà cité).

repos produit un effet qui va en décroissant
à mesure qu'il atteint un muscle de plus en
plus fatigué. Des phénomènes identiques
s'observent dans le domaine de la fatigue
intellectuelle.

Cette constatation, dirons-nous, montre
la nécessité d'élever les salaires non proportionnellement au surcroît de travail, non
pas uniformément pour chaque heure de
travail supplémentaire, mais d'une façon
croissante, vu que l'usure de l'organisme se
fait en progression géométrique alors que le
travail s'accomplit en progression arithmétique. Elle prouve aussi que l'énergétique
s'oppose à une surcharge de besogne, cette
dernière devenant de moins en moins pro-
ductive à mesure que s'accroît la fatigue. La
réduction des heures de travail devient ainsi
une nécessité biologique et économique (1).

De là, nous formulons les postulats suivants que la science sociale devrait prendre

(1) Voir : L.-J. FROMONT, *Une expérience industrielle de
la journée de travail*. Publications de l'Institut Solvay
de Sociologie, vol. de 120 p., 1906, Bruxelles.

en considération, attendu qu'ils découlent
des constatations scientifiques expérimentalement prouvées :

1° Le travail journalier de l'ouvrier suivant une progression arithmétique, son
salaire devra suivre une progression géométrique. Le coefficient d'accroissement
des salaires est à déterminer expérimentalement dans chaque métier en prenant en
considération les méthodes de travail employées.

2° A travail égal, salaire égal. La femme
qui exécute le même travail que l'homme sera
rémunérée de façon identique. La quantité
de travail produit sera établie dans chaque
industrie. Une équivalence pourra être
établie entre les industries diverses en se
basant sur les lois de l'énergétique. Ce pos-
tulat, qui est celui de la justice basée sur
l'égalité de la production, n'entre nullement en collision avec celui de la justice
basée sur l'égalité des charges. C'est ainsi,
par exemple, que les pères des familles
nombreuses ont droit à des allocations sup-

plémentaires, ceci en vertu d'un principe différent.

3° Il est nécessaire de limiter un nombre d'heures maximum pour chaque métier. A cause de l'usure inévitable, une augmentation exagérée du nombre d'heures ne peut plus être compensée par un accroissement de salaires.

4° Dans le domaine pédagogique, les éducateurs s'exposent à de graves mécomptes lorsqu'ils augmentent la quantité de travail des élèves sans connaître les lois de la fatigue dans ses rapports avec l'âge, le sexe, la constitution et les aptitudes. La difficulté à vaincre ne s'accroît pas proportionnellement à la quantité de matériaux à étudier, mais elle s'accroît beaucoup plus vite (Ebbinghaus).

En ce qui concerne les hautes qualités d'entraînement, elles ne peuvent être acquises par un organisme qui se trouve en état de surmenage.

Pour résoudre la question scientifiquement, il faut démontrer que l'ouvrier est surmené, c'est-à-dire que ses dépenses physiologiques excèdent ses recoltes. Pour éviter le surmenage il est nécessaire que l'ouvrier recouvre l'intégrité de ses forces par le repos de la nuit et le repos hebdomadaire. Comment apprécier ces résultats ? La chose est d'autant plus difficile que, souvent, au surmenage viennent se joindre les effets nocifs d'une industrie insalubre. Il y a alors un danger double. On pourra étudier avec intérêt cette combinaison des deux effets morbides. Mais il apparaît indispensable en outre de dissocier les effets de la fatigue dans toute leur netteté, car les observations doivent être conduites de façon strictement scientifique.

Il est absurde, dit Liesse (1), de prétendre fixer, *a priori*, pour toutes les industries et dans tous les pays, la durée de la journée de travail de façon uniforme.

L'analyse des éléments de la production nous apprend qu'il existe, au contraire, des

(1) A. Liesse, *Le travail au point de vue scientifique, industriel et social*, Paris, F. Alcan, 1899.

limites différentes pour chaque genre de travail, souvent pour chaque pays observé. La nature du climat, la race, les mœurs sont les causes premières de diversité ! Sommerfeld (1) partage la même opinion.

Quelles méthodes peut-on préconiser pour des études de ce genre ? Seule la méthode pathologique avait été appliquée pendant fort longtemps ; elle consiste à dresser des statistiques de morbidité et de mortalité. A elle seule elle est insuffisante, attendu que l'action pathogène de la fatigue est l'indice de troubles tellement graves qu'il serait dangereux de baser une législation du travail sur la déchéance organique provenant d'une surcharge de travail. Les méthodes préconisées doivent être plus délicates et plus précisées en même temps, permettant de doser pour ainsi dire les phénomènes de fatigue et leurs modalités, et mettant en évidence les signes de surmenage bien avant la déchéance organique. Il s'agit d'une véritable

(1) Th. Sommerfeld, *Traité des maladies professionnelles*. Traduction française. Bruxelles, 1901.

prophylaxie de la fatigue. Ces méthodes ne peuvent être que psycho-physiologiques.

La fatigue est une résultante très complexe de nombreux facteurs. L'intensité de la fatigue est fonction des facteurs suivants (1) :.

1. Heures de travail.

2. Salaire relatif (rapport du salaire effectif au prix des denrées).

3. Genre et organisation du travail.

4. Constitution individuelle et aptitudes (taille, longueur des bras, disposition des muscles, force de l'attention, prédispositions morbides, maladies).

5. Age.

6. Sexe.

7. Vie rurale ou urbaine.

8. Hygiène de l'ouvrier (alimentation, sommeil, etc. Un ouvrier peut dépenser son salaire pour des choses inutiles et même nuisibles. Hygiène morale).

Il est permis d'ajouter à ces facteurs l'influence du climat, de la race, des habi-

(1) Voir notre article de la Revue Psychologique (1909).

tudes, etc. Parmi ces facteurs, le genre et l'organisation du travail comprennent de très nombreux chapitres et c'est ici que devront porter principalement les recherches. Mais aucune conclusion formelle ne pourra être prise sans consulter l'ensemble des conditions dans lesquelles s'accomplit le travail. Ces conditions sont *intrinsèques* et *extrinsèques* à l'ouvrier.

La question de la fatigue professionnelle a été portée sur le programme des préoccupations des *Congrès internationaux d'hygiène et de démographie.*

Le XIIIᵉ Congrès, tenu à Bruxelles en 1903, posa la question sous la forme suivante : *Dans quelle mesure peut-on, par des méthodes physiologiques, étudier la fatigue, ses modalités et ses degrés dans les diverses professions ? Quels sont les arguments que les sciences physiologiques et médicales peuvent ou pourraient faire valoir en faveur de tel ou tel mode d'organisation du travail ?* Trois rapports et une communication ont été présentés en réponse à la question ainsi posée (Imbert,

Trèves, Demoor et nous-même). Vu l'état peu avancé du problème, aucun parmi ces travaux n'a pu fournir de contribution expérimentale, mais ils ont tous le mérite d'avoir essayé de poser le problème.

Dans notre communication, nous indiquions un plan d'étude, comprenant les points suivants:

1. Examen médical préliminaire. — La première nécessité qui s'impose, c'est l'examen médical des jeunes gens au moment du choix d'une carrière, et ceci s'applique aussi bien aux divers métiers qu'aux carrières libérales. Tous ceux qui ont fait fausse route dans le choix de leur carrière deviennent facilement la proie du surmenage et ne font qu'aggraver les tares existantes. Leur rendement en est fortement diminué et partant leur bien-être. Nous entrevoyons dans ces inaptitudes à certaines professions, une des causes de surmenage et d'improductivité sociale.

II. **Méthodes de laboratoire ayant pour but les travaux d'énergétique.**

III. **Observations et expériences faites sur les ouvriers, dans les usines, ateliers, fabriques.**

1° *Etude de la fatigue des différents appareils* (organes des sens, etc.).

2° *Observations faites sur la marche du travail.* Il est indispensable de voir dans quelles conditions s'obtient le meilleur rendement.

3° *Influence des machines sur le surmenage des ouvriers.*

4° *Méthode de la sensibilité à la douleur.* La sensibilité à la douleur, mesurée à l'algésimètre, augmente sous l'influence d'une légère fatigue intellectuelle et diminue dans la grande fatigue (Ioteyko et Stefanowska).

5° *Les méthodes ergographiques* (1).

6° *La méthode ponométrique.* Le ponomètre est l'instrument imaginé par Mosso pour inscrire la courbe de l'effort nerveux en marche du travail musculaire.

7° *Méthode du réflexe rotulien.* Dans la fa-

(1) Voir notre livre : *La fonction musculaire* (Paris).

tigue du cerveau, les effets inhibitoires du cerveau sur la moelle diminuant, il y a exagération des réflexes. Ce fait a été observé dans la neurasthénie et aussi dans la fatigue générale (Westphall, Sternberg).

8° *Méthode de la sensibilité chromatique*. Cette sensibilité diminue dans la fatigue générale.

9° *Méthodes pléthysmographiques*. Dans la fatigue, on observe le pouls capillaire dit *asthénique* (Binet et Courtier).

10° *Méthode des temps de réactions*. La réaction s'allonge sous l'influence de la fatigue.

IV. Méthodes pathologiques. — Elles consistent à étudier les effets pathogènes du surmenage : diminution de poids, arrêt dans la croissance, déviations, malformations, maladies professionnelles.

V. Enquêtes et questionnaires. — Signalons l'enquête intéressante de Bloch (de Paris) sur la fatigue professionnelle. L'auteur a posé à différents professionnels la question

suivante : Quand vous avez beaucoup tra-
vaillé, où éprouvez-vous la fatigue ? Les
réponses paraissent assez paradoxales à première vue ; nous choisissons quelques
exemples. Le boulanger, qui a pétri toute la
nuit, se tenant courbé, brassant la lourde
masse de la pâte, se plaint de la fatigue des
jambes. Le forgeron, qui frappe sur l'en-
clume, n'accuse pas de fatigue dans les bras
ou les épaules, mais dans le dos, dans les
reins. Le cantonnier, qui pioche la route, est
fatigué des jambes. Le cordonnier, qui
frappe du marteau, se plaint des reins et
des muscles de l'abdomen. Le jeune soldat,
après l'étape, est surtout fatigué dans la
nuque, même s'il n'a pas porté le sac. La
violoniste peu entraîné parle d'une tension
douloureuse à la nuque ; l'artiste consommé
se plaint de l'engourdissement de la main
gauche qu'il a tenue contractée sur le
manche de l'instrument. Le rameur très
exercé souffre de la fatigue des mollets et du
cou-de-pied, après un exercice prolongé.

L'apparence paradoxale des réponses est

expliquée par Bloch de la façon suivante : la fatigue prédomine dans les groupes musculaires immobilisés dans leur contraction. Ces expériences montrent l'existence de la fatigue *statique* dont le rôle est quelquefois prédominant. Elles montrent aussi qu'il faut exercer le plus possible les groupes musculaires auxiliaires des mouvements professionnels et rompre la permanence des con · tractions, soit auxiliaires, soit effectives.

Dans son rapport, présenté au Congrès de Bruxelles, Imbert insiste tout particulièrement sur le ralentissement de la contraction et du relâchement musculaire, lequel est la première manifestation de la fatigue et se constate déjà après un petit nombre de contractions, avant même que la hauteur du soulèvement ait diminué d'une façon appréciable. Le fait, connu depuis longtemps et observé sur les muscles de la grenouille, a pu être vérifié par Imbert et Gagnière sur l'homme travaillant à l'ergographe. Cette diminution de la rapidité de la contraction

engendre une conséquence pratique de haut
intérêt. Les accidents du travail résultent,
en général, d'un événement fortuit. Celui-ci
se produit parfois avec une soudaineté telle
que l'ouvrier se trouve dans l'impossibilité
de se soustraire au danger qui le menace.
Dans d'autres cas, au contraire, l'événement
est moins soudain, l'ouvrier le voit venir et
peut y parer. Mais alors il est nécessaire que
la contraction musculaire de l'ouvrier puisse
se faire avec la plus grande rapidité possible,
car le temps dont dispose l'ouvrier n'est souvent qu'une fraction de seconde. Et dans les
industries où les ouvriers sont en quelque
sorte associés à une machine en marche et
doivent régler la vitesse de leur travail sur
celui de la machine, on conçoit le rôle joué
par la fatigue dans les accidents de travail.
D'ailleurs il faut prendre aussi en considération la fatigue mentale. Elle allonge les pro-
cessus psychiques intervenant dans la perception et le mouvement.

Il en résulte, dit Imbert, que les accidents
du travail doivent être plus nombreux à me-

sure que la journée est plus avancée, plus nombreux aussi, pour des heures correspondantes, à la fin qu'au début de la semaine, si le travail est poussé jusqu'au surmenage. La statistique de la répartition des accidents du travail constitue dès lors une méthode du degré de la fatigue chez le moteur humain (voir plus loin).

D'autres observations peuvent mener encore à la constatation de la fatigue physique. L'attitude de l'ouvrier au début et à la fin d'une journée de travail laborieux peut trahir des modifications, en vertu du principe découvert par Marey et se rattachant aux déplacements verticaux du centre de gravité pendant la marche. En règle générale, la dépense inutile d'énergie est supprimée pendant la fatigue et l'organisme adopte instinctivement une attitude plus économique. Ces attitudes pourront être fixées par la chronophotographie de même que les attitudes prises successivement lors du travail (1).

(1) Dans une vaste enquête sur le travail ouvrier entre-

Qu'il s'agisse de fatigue intellectuelle ou de fatigue physique, nous sommes dès maintenant en possession de méthodes générales d'exploration et de procédés généraux de mesure. Telle est la conclusion du rapport de Imbert.

Dans un article paru dans l'*Année psychologique* (1), Imbert montre toute l'importance du problème posé par la médecine sociale. Quelque utiles que soient ces tentatives, il ne faut pas dissimuler l'indifférence presque hostile avec laquelle elles ont été d'abord accueillies dans les milieux ouvriers syndicalistes. L'étude expérimentale et précise d'un travail professionnel est d'ailleurs un projet dont la réalisation n'ira pas sans

prise par l'Institut Solvay de sociologie (Bruxelles), et dont nous avons assumé la partie physiologique avec d'autres collaborateurs, les attitudes des ouvriers ont été fixées grâce à la cinématographie. Les événements et l'accident tragique dont fut victime M. Waxweiler, directeur de l'Institut, ont retardé la publication de l'enquête.

(1) IMBERT, *L'étude scientifique expérimentale du travail professionnel* (Année Psychologique, 1907, vol. XIII, p. 245-259).

offrir quelque difficulté. L'auteur insiste avec raison sur l'insuffisance des données fournies par l'évaluation du travail mécanique; en réalité on ne possède ainsi que l'une des données du problème. Il rapporte ses expériences faites sur les ouvriers dockers, employés à Cette, au déchargement des bateaux charbonniers ainsi que celles de A. Gauthier sur le travail des ouvriers de chais actionnant une pompe à vin. Ici et là le travail mécanique fut évalué strictement. Mais il serait illusoire de s'en rapporter à une simple évaluation en kilogrammètres pour apprécier un travail professionnel. Vouloir comparer en kilogrammètres des travaux effectués dans des conditions différentes, reviendrait à conclure qu'il est indifférent par exemple de s'élever d'un étage en suivant un bon escalier ou en s'élevant, à force de bras, le long d'une corde verticale, puisque le travail mécanique Ph est le même dans les deux cas. Une telle conclusion est mécaniquement exacte, mais physiologiquement fausse.

Ainsi, les ouvriers de chais étudiés par A. Gauthier effectuent, dans leur journée de neuf à dix heures, un travail évalué à 212.200 kilogrammètres, tandis que le travail journalier des dockers est égal à 75.000 kilogrammètres. A s'en tenir à ces résultats numériques, il semblerait que le premier de ces travaux doit être trois f. s environ plus pénible que le second, car ce sont ici les mêmes muscles, ceux des bras et du tronc, qui ont satisfait à la dépense d'énergie. Mais les conditions mécaniques dans lesquelles les muscles interviennent dans ces deux travaux professionnels sont assez dissemblables pour renverser complètement la conclusion. Tous les dockers charbonniers seraient capables d'effectuer la journée d'un ouvrier de chais, mais la réciproque n'est certes pas exacte. En conséquence, la journée de 8 heures est payée 8 francs aux ouvriers charbonniers, tandis que dans la même ville, le salaire de l'ouvrier de chais est seulement de 4 à 5 francs pour dix heures.

Comparons avec ces chiffres le travail mécanique énorme que fournirait un facteur en faisant deux tournées journalières de trois heures chacune, à la vitesse de 3.600 mètres à l'heure. On aurait ainsi 259.200 kilogrammètres par jour, alors qu'un docker n'effectue que 75.000 kilogrammètres.

Il suffit d'ailleurs de rappeler les travaux de Chauveau sur le travail musculaire interne (échauffement), pour conclure à l'insuffisance notoire d'une évaluation basée exclusivement sur la donnée unique résultant du travail mécanique.

L'évaluation en kilogrammètres est pratiquement utile lorsqu'il s'agit de mesurer les valeurs relatives de différents manœuvres occupés au même travail, etc. Mais si l'on se préoccupe des effets que le travail professionnel peut avoir sur l'organisme ouvrier, c'est sur l'étude des phénomènes biologiques que doivent porter les recherches.

Quant aux travaux sur le surmenage présentés au XIV° *Congrès international d'Hygiène et de Démographie*, tenu à Berlin en 1907, nous en donnerons un aperçu, en nous basant sur le compte rendu qui en a été fait par Imbert (1). Des quatre rapports présentés au Congrès sur cette question du *Surmenage par suite du travail professionnel*, ceux du D' Roth, du D' Treves et du professeur Imbert affirment l'existence du surmenage ; le quatrième rapport, présenté par Eisner, ingénieur en chef du service des eaux de Berlin, est la contre-partie des précédentes. Le rapport de Eisner, très sincère, est l'expression des opinions très fermes et convaincues et présente un document pour expliquer en partie l'acuité de la lutte actuelle entre le Capital et le Travail.

Les trois autres rapporteurs, un Allemand, un Italien et un Français, appartenant tous les trois au monde médical, affirment l'existence d'un degré plus ou moins grand de surmenage, non pas général et atteignant l'ensemble de la population ouvrière des di-

---

(1) IMBERT, *Le surmenage par suite du travail professionnel* au XIV° Congrès international d'hygiène et de démographie, Berlin, 1907 (Année Psychologique, XIV° volume, 1908).

vers pays, mais spécial à certaines régions ou à certaines catégories de travailleurs. Treves, de Turin, s'est exprimé de la façon suivante : « Le travail du laboratoire de Physiologie et de Psychologie expérimentale serait stérile et d'un intérêt bien limité, si le médecin, au cours de ses recherches, ne se demandait pas quelles sont, dans la vie pratique, les circonstances équivalentes aux conditions créées par ses expériences. On peut dire que, de quelque savoir humain qu'elle émane, toute conception, portée dans le champ des applications implique une contribution à la solution de quelque problème social, et on ne peut faire abstraction du problème social du travail en parlant de l'étiologie du surmenage professionnel. »

La statistique des accidents du travail, qui jette une si vive lumière sur les phénomènes de surmenage des ouvriers, a été étudiée par Imbert et Mestre (1). En effet, le travail en-

(1) Voir : IMBERT, *Les accidents du travail et les compagnies d'Assurances* (Revue scientifique, 4 juin 1904);

gendre la fatigue et celle-ci se produit, en particulier, par des modifications qui surviennent dans le mode de fonctionnement du moteur qui travaille, et qui consistent en un ralentissement et une diminution d'intensité de la contraction. L'ouvrier est d'autant moins apte à effectuer les mouvements de défense indispensables lorsque survient un accident et à les effectuer avec la rapidité voulue qu'il est dans un état de fatigue plus accusé.

Par suite, le nombre des accidents doit être d'autant plus grand que les ouvriers sont plus fatigués, et la répartition de ces accidents d'après les heures de la journée auxquelles ils se produisent doit fournir un moyen d'apprécier le degré de fatigue des travailleurs qui en ont été victimes.

En partant de cette donnée, les auteurs ont construit une courbe basée sur les données officielles recueillies d'une part par le département de l'Hérault, qui compte 56.458 ou-

lubbat et Mestrae. *Statistiques d'accidents du travail*. (*Ibid.*, 24 septembre 1904).

vriers des diverses professions assujettis à la loi des accidents de travail, lesquels ont été, dans leur ensemble, victimes de 2.065 accidents déclarés en 1903. En second lieu, une autre courbe a été dressée et elle comprend, répartis d'après les heures où ils se sont produits, les 660 accidents auxquels ont donné lieu les professions qualifiées officiellement *Manutention et Transport* qui comprennent 6.695 ouvriers. Les résultats peuvent être groupés de la façon suivante : 1° Le nombre des accidents augmente progressivement d'heure en heure, pendant la première demi-journée ; 2° Après le repos assez long de midi, dans les premières heures de la seconde demi-journée, le nombre des accidents est notablement moindre que dans la dernière heure de la matinée ; 3° Au cours de la seconde demi-journée, les accidents deviennent encore, d'heure en heure, progressivement plus nombreux ; 4° Le nombre maximum d'accidents par heure vers la fin de la seconde demi-journée est notablement plus élevé que le maximum correspondant de la matinée.

On ne pourrait souhaiter plus rigoureuse confirmation au point de vue des auteurs, et le degré de certitude croît encore lorsqu'on compare les deux courbes entre elles et avec les courbes de chaque industrie et qui présentent une allure identique. Des courbes de ce genre ne sont d'ailleurs pas une nouveauté : elles sont exactement semblables à celles que l'on obtient lors de la mesure de la fatigue intellectuelle, au moyen de la méthode esthésiométrique, par exemple. Et ceci est un argument en plus à opposer à ceux qui voudraient voir dans les courbes de Imbert et Mestre l'influence du hasard ou d'une cause inconnue, autre que la fatigue.

Les auteurs rapportent encore les résultats d'autres statistiques qui confirment, sans exception, les mêmes faits.

En se basant sur le nombre d'accidents, il est permis d'évaluer le danger moyen que l'exercice de cette profession présente. Les professions les plus dangereuses sont celles qui sont comprises sous la rubrique : *Industrie chimique* ; après viennent les *Manutentions et Transports*.

Nous devons à Imbert d'autres travaux expérimentaux sur la mesure de la fatigue professionnelle. En collaboration avec Mestre (1), inspecteur du Travail dans l'Hérault, il a fait des recherches relativement au transport des fardeaux avec le *cabrouet* (vulgairement *diable*), brouette à deux roues basses d'un usage courant dans l'industrie. En coupant un manche et réunissant les parties par un ressort de dynamomètre médical, dont les déformations étaient transmises à un tambour relié à un autre tambour enregistreur, il leur a été possible d'inscrire la composante normale du manche, des efforts que l'ouvrier exerce sur celui-ci pendant les manœuvres de charge, de transport et de décharge des fardeaux.

De même, l'adjonction à un manchon, dont était munie l'extrémité du manche, d'un

____

(1) IMBERT et MESTRE, *Recherches sur la manœuvre du cabrouet et la fatigue qui en résulte*. Bulletin de l'inspection du travail, 1905, n° 5.

ressort et d'un tambour, relié encore à un tambour inscripteur, permet d'enregistrer la composante, suivant le manche, des efforts développés par l'ouvrier.

L'effort exercé directement sur le fardeau a été également inscrit, grâce à un crochet à main constitué encore, comme partie essentielle, par un ressort et un tambour destiné à en transmettre la déformation à un tambour inscripteur.

Enfin, l'emploi d'une chaussure de Marey a permis aux ouvriers d'obtenir l'inscription de l'effort fait par l'ouvrier sur l'axe des roues pour empêcher le recul de l'instrument pendant la charge du fardeau.

Tous les efforts développés par l'ouvrier pendant son travail professionnel peuvent donc être enregistrés en durée et en intensité. Des diverses manœuvres, nécessitées par la charge, le transport et la décharge, la plus pénible, la plus fatigante, par sa répétition, est celle de la charge. Pour charger sur le cabrouet un sac de 60 kilogrammes, il faut développer un effort de 30 kilogrammes environ. Or, un adolescent de 16 à 17 ans (ces recherches visaient surtout le travail des jeunes ouvriers) ne peut guère développer, dans les conditions mécaniques où s'opère la charge, qu'un effort maximum de 40 kilogrammes ; c'est donc un effort égal aux trois quarts du maximum que le jeune ouvrier doit développer à chaque manœuvre de charge. Cette manœuvre se répétant plus de 60 fois par heure, pour un transport de sacs à une distance de 48 mètres, le jeune ouvrier, durant la journée légale de 10 heures, aurait eu ainsi à développer avec ses membres supérieurs un effort total de plus de 18.000 kilogrammes.

Quant au transport lui-même, il est peu fatigant, sur un sol cimenté, car il suffit d'une force de 3 à 4 kilogrammes pour assurer la progression du cabrouet chargé d'un sac de 60 kilogrammes. Par contre, il faut prendre en grande considération le parcours total effectué qui, lors de ces observations, s'élevait à environ 30 kilomètres pour 10 heures de travail.

Enfin si, après avoir fait travailler un jeune ouvrier pendant une heure, on lui accordait deux heures de repos complet, les tracés ergographiques pris alors décelaient des caractères de fatigue encore assez accusés.

La taille de l'ouvrier est un facteur important, quant à la fatigue résultant du travail au cabrouet ; les tailles les moins élevées sont les plus désavantageuses.

De tels résultats objectifs, disent Imbert et Mestre, pourraient utilement être pris en considération pour une réglementation du travail au cabrouet des enfants et des femmes, et que, si une grève éclatait à propos d'un tel travail, on trouverait, dans les recherches des auteurs, quelques éléments nouveaux pour juger de la légitimité des revendications ouvrières et établir la solution équitable du conflit.

Le principe du dispositif est d'ailleurs d'une application très générale ; toute machine industrielle peut être munie d'un dispositif semblable permettant l'inscription des efforts musculaires.

Le professeur R. Lépine (1), de Lyon, après avoir mentionné les travaux de Imbert, ajoute: « Encore une fois de telles recherches ne sont qu'à leur début, mais on pressent aisément leur destinée, et il faut en tout cas savoir gré à ceux qui les ont entreprises, d'avoir montré qu'à côté des grandes questions qui ont dominé jusqu'ici la médecine sociale, comme la tuberculose, l'alcoolisme, les logements insalubres, il y en a d'autres, plus importantes dans l'avenir, puisque de leur solution dépend en grande partie l'organisation du travail ».

Imbert (2) a étudié en outre un autre genre de travail consistant à débiter en boutures, de longueur et d'épaisseur déterminées, les longs sarments des vignes américaines. Ce travail n'occupe qu'un nombre minime de personnes. A Montpellier, par exemple, le personnel employé ne dépasse guère la cen-

(1) R. Lépine, *L'évolution de la Médecine à la fin du xixe siècle* (Revue du mois, n° 12, 1906).

(2) Imbert, *Etude expérimentale du travail professionnel ouvrier*. (Revue d'économie politique, 1909).

taine, et est constitué presque exclusivement par des femmes et des jeunes filles. Après avoir pu évaluer en unités mécaniques ce travail professionnel, il a été possible à l'auteur de fixer numériquement la somme de travail exigée de l'ouvrier pour chaque centime de salaire. Il a ainsi établi un nouvel élément en vue de la détermination de la relation générale qui peut exister entre le salaire payé et le travail fourni.

Ce travail qui ne dure que quatre à cinq mois chaque année, de novembre à mars, est effectué soit dans de vastes hangars, soit même en plein air; il commence à sept heures du matin pour se terminer vers cinq heures du soir, avec deux repos en général, l'un à huit heures du matin pour le déjeuner l'autre à midi pour le principal repas. Comme le travail est payé à forfait et que la tâche de l'ouvrière est absolument indépendante de celle de ses camarades, chacune d'elles est entièrement libre de régler ces repos comme elle le désire ou même de les multiplier.

Les effets du coupage ont été enregistrés au moyen de l'inscription graphique. Grâce à l'emploi du tambour de Marey, des tracés de l'effort musculaire purent être enregistrés. Ces tracés sont évalués en kilogrammètres. Pour chaque centime de salaire l'ouvrière doit fournir 6,86 kilogrammètres. Les 1.000 boutures sont payées 0 fr. 65. Les ouvrières, interrogées sur les sensations de fatigue éprouvées, ont accusé une douleur qu'elles ressentent au niveau de l'épaule droite au moment où elles se coiffaient le matin. Ces déclarations émanant des ouvrières bien entraînées au travail, il y a lieu de conclure de là que les muscles actifs pendant le travail sont soumis à un certain degré de surmenage journalier, puisque le repos de la nuit est insuffisant pour que ces muscles se retrouvent le lendemain dans un état de fonctionnement normal.

Quant à la localisation des douleurs accusées, elle est expliquée par ce fait que, pour les sarments un peu épais, la section n'est plus opérée par l'action seule des fléchisseurs des doigts, qui entourent le sécateur et immobilisent ainsi la main ; l'avant-bras est dans un certain degré de flexion par rapport au bras, et le coupage est alors réalisé par l'action des extenseurs de l'avant-bras, avec immobilisation du bras grâce à l'intervention des muscles de l'épaule. Il est à remarquer que le surmenage localisé, dont les ouvrières se plaignent, se traduit non par un phénomène musculaire proprement dit, car les ouvrières n'accusent aucune diminution d'aptitude au travail de coupage, mais par un phénomène d'ordre sensitif. Cette constatation met bien en évidence l'importance de l'élément douleur dans le phénomène complexe de la fatigue.

L'auteur a constaté aussi la supériorité de certaines ouvrières sur d'autres. Même pour un travail professionnel qui paraît être d'ordre essentiellement mécanique, l'habileté d'un ouvrier, et par suite son salaire, peuvent dépendre beaucoup plus de ses facultés cérébrales que de ses qualités physiques. Or, tous les détails par lesquels la technique d'une ouvrière habile se distingue de celle d'une ouvrière médiocre, se traduisent en pratique par une économie de temps dans l'exécution des divers actes que comporte la préparation des boutures (1). Et, chose non moins intéressante, l'ouvrière médiocre, qui a le même intérêt que sa camarade plus habile à augmenter son salaire, a été incapable de reconnaître, puis d'imiter ces détails de technique, dont quelques-uns sont cependant très faciles à découvrir.

Dans d'autres recherches le même auteur (2) étudiait le travail du limeur et déterminait les caractéristiques du bon et du mauvais limeur.

Citons encore un travail expérimental de Imbert (3) sur le transport *à la brouette ordinaire*, véhicule ne possédant qu'une

(1) Imbert, *Exemples d'étude physiologique directe du travail professionnel ouvrier* (Revue d'Hygiène et de Police sanitaire, août 1909).

(2) A. Imbert, *Les méthodes de laboratoire appliquées à l'étude directe et pratique des questions ouvrières*. Revue génér. des sciences, 30 juin 1911.

(3) A. Imbert, *Bulletin de l'Inspection du travail*, 1909, n°s 1 et 2.

seule roue. Comme la charge est généralement peu élevée, l'effort de soutien est plus grand qu'avec le cabrouet et la fatigue plus prononcée. C'est à partir d'une charge de 21 kilogrammes que l'usage de la brouette présente des avantages. Un fardeau de 21 kilogrammes, directement porté, est une limite pour le travail économique de l'ouvrier. Le travail à la brouette est plus fatigant que celui au cabrouet. Il donne lieu à une activité respiratoire et circulatoire plus accentuée, à une douleur musculaire localisée surtout dans les bras et persistant plus que dans le cas du transport au cabrouet.

Il est certain que de pareilles recherches constituent un chapitre nouveau et des plus intéressants de médecine sociale. Aussi la *Section d'Économie politique de l'Association française pour l'avancement des sciences* (session de 1908 à Clermont-Ferrand) ainsi que le *IX⁰ Congrès* organisé à Paris en 1900, par l'*Association ouvrière* pour l'hygiène et la sécurité des travailleurs, et le *II⁰ Congrès international des accidents du travail* (Rome,

1909), ont successivement, à la suite de l'exposé des recherches dont il a été question, exprimé le vœu que l'étude expérimentale directe du travail professionnel soit encouragée et généralisée.

Imbert (1) a exprimé le vœu de voir les ouvriers prendre part aux Congrès scientifiques où sont discutées les questions qui se rapportent à leur travail, leur alimentation, aux accidents du travail. Ils pourront ainsi apporter une somme de renseignements des plus utiles.

J.-M. Lahy (2) a fait des recherches sur es dactylographes pour déceler les signes de la supériorité professionnelle et dans les métiers qui exigent des actes rapides, bien

(1) A. Imbert, *Rôle des ouvriers dans certains congrès scientifiques* (La Grande Revue, 10 avril 1909).

(2) J.-M. Lahy, *L'adaptation organique dans les états d'attention volontaires et brefs.* C. R. de l'Acad. des Sciences, mai 1913; *Les signes physiques de la supériorité professionnelle chez les dactylographes. Ibid.,* 2 juin 1913; *Etude expér. de l'adaptation psycho-physiologique aux actes volontaires brefs et intenses.* Journal de Psychologie, 1913, p. 220-236; *Les conditions psychophysiologiques de l'aptitude au travail dactylographique.* Journal de Physiologie, 5 juillet 1913.

adaptés et une attention volontaire, brève et intense (les wattmen, par exemple). Il a étudié les temps des réactions nerveuses et a trouvé chez les sujets une opposition constante entre le temps des réactions visuelles et celui des réactions auditives. Le sujet excellent présente des réactions visuelles plus rapides et des réactions auditives plus lentes que le sujet inhabile. Ch. Richet et Laugier (1) ont présenté une observation intéressante sur le même sujet.

Nous ne saurions passer sous silence les expériences intéressantes de Lahy sur la psycho-physiologie du soldat mitrailleur, celles de Marchoux, Camus et Nepper sur les candidats à l'aviation, de même que celles qu'entreprit Pierre Menard sur la pression artérielle des soldats dans les tranchées. Toutes ces recherches démontrent des différences dans les réactions humaines, une diversité dans les aptitudes, d'où la nécessité d'une sélection pour obtenir le meilleur rendement.

(1) Ch. Richet et H. Laugier (C. R. de la Soc. de Biologie, 19 avril 1913).

II

LE TAYLORISME

1. — Etudes de Taylor sur l'organisation du travail

Telle se présentait, il y a peu de temps encore, la question de l'organisation du travail au point de vue scientifique ; les essais mentionnés n'avaient réussi qu'à poser la question, sans la résoudre aucunement ; le problème, très clair, pouvait être résumé en quelques mots : trouver des conditions de travail permettant à l'ouvrier de produire un effet utile maximum avec le minimum de fatigue. Et l'on entrevoit la *possibilité de résoudre le problème* grâce aux méthodes de

la science déjà en vigueur, dans le vaste domaine de l'énergétique.

C'est alors que les échos des succès reten-
tissants du procédé Taylor, devenu rapidement célèbre en Amérique, parvinrent en
Europe, non sans y causer un certain émoi.
Les ouvriers qui suivent ce procédé, arrivent rapidement à une productivité doublée,
triplée ou quadruplée, par rapport à ce qu'elle
était primitivement. Prenons des exemples.
A la *Bethlehem Steel Company* chaque homme
était en mesure de charger par jour des
gueuses de fonte dont le poids total s'élevait
à 12 tonnes, 50. Taylor parvint à élever ce
nombre à 47 tonnes. Le travail consiste à sai-
sir une gueuse de fonte de 42 kilogrammes
et la déposer quelques pas plus loin. Voici
comment s'y prit Taylor pour augmenter
le rendement. Il avait tout d'abord fait des
recherches préliminaires sur la *vitesse* et la
durée du travail humain. Ayant ensuite
cherché deux ouvriers très robustes et bons
travailleurs, il leur accorda double paye durant tout le temps des expériences, en exi-

geant d'eux le maximum d'effort et de
bonne volonté, avec prévision d'un sévère
contrôle. Ces hommes furent astreints à
exécuter les tâches les plus diverses. Le
temps nécessaire à chacun de leurs mouvements était *chronographié* au moyen d'un
compteur à secondes. C'est ainsi qu'il fût
reconnu que, suivant les besognes imposées,
l'homme pouvait développer par jour un
travail variant de 34.000 à 140.000 kilogrammètres, ce qui démontra qu'il n'y avait
pas une relation rigoureuse entre le travail
quel qu'il soit et la fatigue, et, d'autre part,
qu'il était nécessaire de *sélectionner* les ouvriers. Il reconnut la nécessité d'éliminer
tous les mouvements lents et inutiles et de
grouper la série des mouvements les plus
rapides et les plus efficaces. En revenant à
l'exemple cité, avec la collaboration de Barth,
Taylor établit que l'homme ne doit être
chargé que pendant une durée strictement
définie, soit 43 0/0 de la journée et les 57 0/0
du temps restant il doit avoir les mains
vides. Mais on pourrait le charger 58/100 de

la journée, si on lui faisait manutentionner des demi-gueuses de 22 kilogrammes. Et enfin, il existe une *charge limite* qu'il porterait sans fatigue continuellement dans la journée. C'est ainsi qu'en surveillant la durée des mouvements, en éliminant ceux qui étaient inutiles, Taylor réussit à faire charger 47 tonnes de fonte au lieu de 12 tonnes 50 par homme et par jour. Ce travail équivaut au chargement de 1.156 gueuses de 41 kg., 4 chacune, et dure 252 minutes (en charge) sur 600 : c'était, par gueuse, une durée de 13 s. 20.

Il y a, dans ces études, une confirmation des données recueillies par Coulomb, Chauveau, Mosso, Imbert, sur l'évaluation du rendement et sur les modes économiques du travail du moteur humain. Il semble que la plupart de ces travaux restèrent inconnus à l'ingénieur américain et qu'il s'inspira uniquement de la méthode de Coulomb. Il eut également l'occasion de constater l'énorme fatigue produite par le *travail statique*, souvent stérile et que, de ce fait, il s'agit d'éliminer.

Un second exemple sera tiré, de *l'art du maçon*. Pour manœuvrer les paquets de briques, la charge ne doit pas dépasser 40 kilogrammes pour un homme robuste (de première catégorie), 27 à 31 kilogrammes pour un homme de seconde catégorie, d'après les expériences de Gilbreth, collaborateur de Taylor ; les briques et le mortier sont placés par un aide à la portée de la main du maçon, ce dernier devant s'occuper uniquement de les poser ; le sommet de la brique étant à hauteur de la main, le mouvement a lieu suivant l'action de la pesanteur, sans contraction. Le paquet de briques devra être au niveau voulu pour que le maçon ne doive se baisser pour ramasser les briques et pour travailler ; pour l'aide-maçon le transport des paquets se fera sur une brouette à deux roues, laquelle permet de transporter 210 briques au lieu de 60 (brouette à une seule roue), etc. En suivant ces principes, Gilbreth arrive à un rendement triple dans la construction d'un mur.

L'exemple des bureaux de *Industrial Engi-*

neering (1) est non moins caractéristique.
Les employées expédiaient jusqu'à 20.000
lettres par jour, qu'elles pliaient et cache-
taient. La modification du travail d'après les
règles scientifiques eût pour résultat de diminuer le temps *quatre fois*. Une des jeunes
filles parvint à timbrer 100 à 120 enveloppes
à la minute : elle empilait les lettres de manière à rendre les adresses visibles ; les
timbres étaient découpés par bandes, pour
se succéder horizontalement et non pas ver-
ticalement Elle fixait à l'index de sa main
droite une petite éponge humide, et, prenant une bande de timbres de cette même
main, les humectait en déplaçant la bande
avec le pouce, et les collait sur les enveloppes timbrées, le pouce achevant de coller
les timbres et de les détacher de la bande, et
les lettres tombaient par leur poids dans un
panier convenablement disposé.

L'œuvre de Taylor (2) a été révélée à la

(1) Cité par AMAR, *Le Moteur humain*, Paris, 1914,
p. 582. Dunod et Pinat.
(2) TAYLOR F.-W., *Principes d'organisation scientifique*

France par M. Henry Le Châtelier, inspecteur général des Mines, Professeur à la Sorbonne et à l'Ecole Supérieure des Mines, qui fit traduire l'ouvrage de Taylor sur les principes d'organisation scientifique et le dota d'une préface. Il préfaça également le livre de Jules Amar, déjà cité, qui réserve une large place aux méthodes des ingénieurs américains. Les phénomènes réels les plus simples en apparence sont déjà extrêmement complexes, dit M. Le Châtelier ; ainsi, le travail des métaux sur le tour, particulièrement étudié par Taylor, dépend de *douze variables indépendantes* au moins. Parmi ces variables, le facteur humain est de beaucoup le plus important. C'est sur ce point spécial, laissé en grande partie dans l'ombre, que Taylor concentre la majeure partie de ses efforts. Il faut d'abord écarter un préjugé très répandu. Les bons ouvriers, dit-on, savent bien utiliser eux-mêmes leurs forces pour obtenir avec la moindre fatigue un résultat donné. C'est là

des usines, trad. fr., Paris, 1912. Dunod et Pinat. D'autres ouvrages de Taylor ont été aussi traduits en français.

une erreur, comme Taylor l'a établi sur l'exemple du transport des fardeaux. Dans ce travail, la fatigue est fonction de cinq variables et il est impossible à l'ouvrier de trouver par des tâtonnements les valeurs les plus avantageuses de chacune de ces variables. En étudiant le problème, Taylor a réussi à tripler, sans augmentation de fatigue, le poids transporté journellement par les ouvriers.

Une série d'articles furent consacrés récemment par la *Revue de Métallurgie* à l'œuvre de Frederic W. Taylor. Le premier de ces articles, signé par M. H. Le Châtelier (1), a pour but de mettre en lumière le caractère scientifique du système.

Le nom de F.-W. Taylor, dit Le Châtelier, restera célèbre dans l'histoire du progrès industriel par trois grandes découvertes : 1° Les aciers à coupe rapide ; 2° Les règles pour le travail des métaux ; 3° Les principes d'organisation scientifique des usines.

C'est de cette dernière découverte que nous allons nous occuper ici et analyser l'article de Le Châtelier. Le principe essentiel du *Système Taylor* est l'appli-

(1) H. Le Chatelier, *Frederic Winslow Taylor* (1856-1915). Revue de Métallurgie, avril 1915, p. 185-232.

cation systématique de la méthode scientifique à l'étude de tous les phénomènes industriels. Il commence par une énumération très complète de *tous* les facteurs dont dépend chaque phénomène, chaque opération étudiée, puis après avoir reconnu tous les facteurs en jeu, il détermine, par des expériences et des observations aussi précises que possible, les *relations numériques* qui existent entre les différents faits en présence. Taylor fut ainsi conduit à l'établissement d'un certain nombre de règles dont l'ensemble est connu sous le nom de système Taylor.

Un des facteurs essentiels du prix de revient d'une fabrication est la production journalière de l'ouvrier. Cette production dépend de deux facteurs très importants : *la volonté* de l'ouvrier de produire tout ce qu'il peut faire et *sa capacité* plus ou moins grande de production. L'ouvrier limite souvent volontairement sa production car il craint de voir son salaire réduit par son patron et, d'autre part, il se rend compte que son patron ignore le plus souvent quelle quantité de travail il peut fournir normalement. On remédie à ces deux motifs de paresse en déterminant par des mesures très précises la production normale de l'ouvrier, et en lui imposant une tâche fixe. Un des points essentiels du système est la création d'un service spécial chargé de l'établissement de la *tâche normale*. De plus on peut attribuer des *primes* pour l'accomplissement de la tâche normale. Parmi les systèmes de primes, mentionnons le *bonus system*, imaginé par Gantt. Le salaire de l'ouvrier est séparé en deux parties nettement distinctes : un salaire fixe à la journée, que l'ouvrier est assuré de gagner en tout état de cause, quelle que soit sa production journalière. Il reçoit de plus une prime fixe, dite « bonus » lorsqu'il accomplit dans sa journée la totalité de la tâche qui lui a été indiquée comme normale. Les contremaîtres de leur côté touchent une prime pour chaque ouvrier travaillant sous leurs ordres qui arrive à gagner sa prime.

La capacité de production de l'ouvrier dépend de circonstances multiples, en particulier de la nature des matières mises à sa disposition. D'où la nécessité d'avoir un bureau d'études chargé spécialement de la recherche des meilleures méthodes de travail. Ces méthodes doivent être connues des ouvriers. Il en résulte la nécessité d'avoir en outre un bureau de préparation des contremaîtres répondant à ce double *desideratum*.

F. W. Taylor, né en 1856, mort en 1915, descendait d'une famille de Philadelphie ; il fut tour à tour apprenti, manœuvre, maître mécanicien, puis directeur du bureau d'études, et enfin, en 1884, ingénieur en chef des usines Midvale. Il prit ses diplômes à l'Institut Stevens de technologie.

Il quitta en 1890 les aciéries Midvale pour devenir directeur général de la Manufacturing Investment

Company, qui fabrique des moulins pour la grande industrie chimique. Il quitta la Compagnie en 1893 et il consacra tout son temps à l'introduction dans diverses industries de son système d'organisation des ateliers. F.-W. Taylor n'était pas seulement un grand esprit, dit M. Le Châtelier, c'était encore un cœur très noble, fidèle à ses amis, dévoué au bien public et très sympathique aux aspirations de la classe ouvrière. Depuis la mort de Taylor, un comité international s'est constitué pour continuer la lutte en faveur des idées de l'ingénieur américain. Les membres actifs de ce comité sont : M. Carl Barth, ingénieur-conseil ; M. Morris Cooke, directeur des travaux publics de la ville de Philadelphie ; M. Dodge, président de la Link Belt Cᵒ à Philadelphie, dont les usines sont entièrement réorganisées sur les plans de Taylor ; M. Hathaway, directeur de la Tabor Manufacturing Cᵒ à Philadelphie, l'une des premières usines qui aient adopté les méthodes de Taylor et celle où sont envoyés les ingénieurs qui viennent étudier aux Etats-Unis le système Taylor. Le secrétaire du Comité est Miss Francess Mitchell, Boxly, Highland Station, Chestnut Hill, Philadelphie, U-S.

Examinons maintenant de près le système Taylor en nous basant toujours sur l'étude de M. Le Châtelier. L'énumération complète de toutes les conditions déterminantes de n'importe quel phénomène est pour Taylor d'une importance capitale. On ne se rend pas compte *a priori*, dit-il, que tout le travail de l'observateur devient inutile s'il existe le moindre doute sur une seule de ces conditions. Or les industriels ne se préoccupent pas d'une façon systématique des conditions déterminantes de leurs opérations.

Il faut en outre savoir mesurer la grandeur du phénomène étudié, par exemple : les propriétés mécaniques d'un acier, la dépense d'énergie dans le laminage, etc., puis suivre les variations de cette grandeur en fonction de la variation de ses différents facteurs. C'est ainsi que Taylor arrive à établir les conditions de travail les plus économiques. Une des méthodes expérimentales systématiquement employées par Taylor, est le *chronométrage*. Le temps est un des facteurs essentiels du prix de revient de toute opération individuelle, il faut donc le mesurer comme les autres facteurs. Cette opération occupe une place prépondérante dans le système, supérieure à celle des autres mesures, en raison de son double rôle : elle sert d'abord aux études expérimentales ; mais elle est encore la base nécessaire du système de paiement des ouvriers.

Une forme de chronométrage c'est l'application de la cinématographie à l'analyse des mouvements très rapides, échappant aux observations faites à la vue simple. Un des disciples de Taylor, M. Gilbreth a repris le procédé de chronophotographie de Marey, mettant sur la main de l'ouvrier pendant son travail

une petite lampe à incandescence de façon à définir
ses mouvements par un trait lumineux. Ce dispositif porte le nom de *cyclographe*.

Malgré tous les efforts faits, dit avec raison M. Le
Châtelier, ces mesures présentent encore une lacune
très importante, on ne mesure pas la fatigue de l'ouvrier. On s'en rapporte à ses déclarations. Les physiologistes sauront bientôt nous donner sur ce point
des méthodes expérimentales appropriées aux recherches industrielles.

Non content de ses déterminations expérimentales,
Taylor s'est donné beaucoup de peine pour en traduire
les résultats au moyen de formules algébriques.

La différence entre la méthode de Taylor et celle
des autres ingénieurs est donc la suivante : prenons
un exemple particulier, celui des courroies. Avant
Taylor, dit M. Le Châtelier, on avait déjà fait de
nombreuses expériences avec les courroies, on avait
principalement mesuré leur ténacité. Mais la ténacité
n'est pas le seul facteur du bon fonctionnement des
courroies. C'est seulement après avoir chiffré les vi-
tesses de courroies, la fréquence des graissages, leur
allongement progressif pendant le travail, le nombre
de chutes de courroie et la durée des arrêts occa-
sionnés ainsi dans le travail de l'atelier, que Taylor
a pu donner la solution scientifique du problème,
c'est-à-dire définir les conditions correspondant au
minimum de dépense.

Parmi les facteurs de la productivité, le plus important, certainement, est *la main-d'œuvre*.

L'allure capricieuse des mobiles humains semble
placer ce facteur au-dessus de toute loi et lui permettre d'échapper au contrôle de la science, dit Le
Châtelier. Taylor a montré que les lois qui résultent
d'expériences de ce genre, et qui se rapportent à
l'organisme très complexe qu'est l'être humain,
sont sujettes à un plus grand nombre d'exceptions
que les lois relatives aux choses matérielles. Et cependant des lois de ce genre existent, qui s'appliquent
à la grande majorité des hommes et qui, clairement
définies, sont d'un grand secours dans la manière de
les conduire. Citons l'exemple suivant. Désirant connaître le meilleur procédé à employer pour reprendre
un ouvrier en faute, Taylor remarque que la préférence devait être donnée à l'amende sans aucun reproche, l'importance de l'amende étant proportionnée
à la gravité de la faute. C'est là le moyen d'action le
plus efficace et aussi le moins désagréable à employer. Il faut cependant prendre certaines précau-
tions. Les amendes ne doivent, dans aucun cas, entrer dans la caisse du chef d'industrie, mais servir à
alimenter quelque œuvre d'assistance ouvrière, de
préférence la caisse d'assurances contre les accidents.
Sur ce terrain les mesures ne sont plus aussi précises
que dans le cas des machines : on est obligé de
dresser des statistiques, de prendre des moyennes.

Toute cette psychologie ouvrière ne figure dans aucun de nos enseignements. Les frais nécessités par ces études sont largement compensés par l'augmentation de la productivité.

Après ces études concernant la *Science expérimentale*, M. Le Châtelier passe à la *Psychologie ouvrière et à l'organisation du travail*, suivant le procédé de Taylor. Le *Scientific Management* comprend à la fois l'expérimentation scientifique et une application particulière de cette méthode au facteur humain. Voici les points essentiels de sa doctrine :

1° Il est inexact de croire, comme les politiciens de tous les pays tendent à le faire admettre, que l'ouvrier soit un être stupide, inaccessible à tout raisonnement intelligent. D'après Taylor, la psychologie des ouvriers ne diffère pas de celle des autres hommes.

2° Avec les méthodes de travail moderne, très perfectionnées, mais aussi très compliquées, il n'est plus possible à l'ouvrier de trouver d'intuition dans chaque cas particulier les tours de main les plus avantageux. Leur détermination, appartient, aujourd'hui, aux chefs d'industrie, aux ingénieurs. C'est folie de mettre, comme on le fait souvent encore, un ouvrier devant un tour en lui demandant de se débrouiller pour en tirer le meilleur parti. Ce meilleur

parti dépend, comme Taylor l'a montré, de douze variables différentes. Il lui a fallu vingt-cinq ans pour
débrouiller leurs combinaisons les plus avantageuses ;
comment un ouvrier pourrait-il deviner en quelques
minutes la solution d'un problème aussi compliqué ?
Il est donc indispensable de séparer la préparation
du travail, œuvre essentiellement intellectuelle, de sa
réalisation, œuvre avant tout manuelle. D'après
Taylor, les méthodes de travail employées à l'atelier
doivent être entièrement réglées par un personnel
technique spécial et enseignées ensuite, aux ouvriers,
par le même personnel technique. C'est là toute une
révolution dans nos méthodes industrielles ; bien peu
d'ingénieurs auraient actuellement les connaissances
nécessaires pour étudier les procédés de travail de
leurs ouvriers, et moins encore l'habileté voulue pour
les mettre en pratique devant eux.

3° Un autre résultat très important des études de
Taylor concerne le grand avantage du travail à la
tâche fixe. L'ouvrier reçoit l'indication exacte du
travail à accomplir chaque jour ; la grandeur de
cette tâche est réglée d'après les données fournies
par les expériences préalables faites en vue de déterminer les meilleures conditions du travail.

4° Ce changement dans l'organisation du travail
impose un effort et des dépenses considérables à la
direction de l'usine. Mais il ne demande rien de plus
à l'ouvrier : moins d'initiative d'une part, plus de

discipline de l'autre, mais pas plus de fatigue physique. Mais comme ces méthodes augmentent considérablement la production de chaque ouvrier, le chef d'industrie est en mesure d'augmenter les salaires. On obtient l'assentiment des ouvriers par une majoration des salaires s'élevant de 30 à 100 0/0 du taux moyen des salaires.

L'adoption de ces principes permettrait de doubler et de tripler le rendement. Afin de rendre possible cette organisation, un *bureau de préparation et de répartition du travail* dans les ateliers reçoit les commandes de la direction et transmet aux ateliers les ordres correspondants. Le fonctionnement du travail à la tâche entraîne la nécessité d'une nouvelle organisation, celle de la statistique. Tout ceci nécessite un personnel très nombreux : le nombre d'employés augmente, celui des ouvriers diminue. Telle se présente l'organisation du travail suivant le système de Taylor.

Les *conséquences sociales* du système de Taylor sont étudiées à la fin de l'article de M. Le Châtelier. Ces conséquences ont donné lieu à de nombreuses polémiques. Les principales critiques formulées sont les suivantes :

1° L'accroissement de production, but essentiel du

système Taylor, ne peut être obtenu que par le surmenage des ouvriers ;

2° L'ouvrier est ravalé au niveau du manœuvre,
sa situation intellectuelle et sociale est amoindrie ;

3° La monotonie du travail et l'absence de tout
travail intellectuel, découragent les bons ouvriers.

Le Chatelier répond à ces objections. Le système
Taylor n'augmente pas, mais diminue le surmenage :
c'est l'avis unanime de toutes les personnes qui l'ont
vu fonctionner. L'augmentation de la production est
due entièrement à des dispositions indépendantes de
l'activité de l'ouvrier : un meilleur entretien des machines et des courroies, une arrivée plus régulière
des matières, l'emploi de meilleurs outils, etc. Il est
d'ailleurs inexact, que la mortalité des ouvriers à
Philadelphie soit plus grande qu'ailleurs, comme le
montrent les statistiques comparées de cette ville et
de Paris.

L'affirmation que l'ouvrier est réduit au niveau
de manœuvre est de tous points inexacte ; c'est le
manœuvre qui arrive bien par la méthode Taylor à
faire le travail d'un bon ouvrier.

Une autre objection de sentiment, écrit le Châtelier, peut paraître plus spécieuse. Il est regrettable
de voir disparaître l'ouvrier d'art, capable d'exercer
toutes les branches de son métier, de sculpter la
pierre, le bois, le métal et de faire ces chefs-d'œuvre

qui décorent nos églises gothiques. Pourquoi alors ne pas regretter aussi les esclaves de l'antiquité ? (Le Châtelier.) N'ont-ils pas élevé des palais magnifiques, des temples, des mausolées qui provoquent aujourd'hui encore notre admiration. Cela est vrai, mais les ouvriers d'art du Moyen Age vivaient dans des taudis, sans air ni lumière, mal nourris, exposés aux épidémies. Aujourd'hui l'ouvrier a un logis salubre, se nourrit souvent aussi bien que son patron, etc., etc. La spécialisation du travail et l'emploi des machines lui ont donné tous ces biens. Depuis un siècle, sa richesse a décuplé. Taylor lui propose de la doubler encore une fois et on veut l'obliger à refuser ce cadeau par respect pour des principes un peu vieillis. Le progrès, au contraire, consistera avec des méthodes de production plus intensives, à réduire la longueur de la journée de travail, de suite à huit heures, plus tard, peut-être, à six heures.

Il est faux d'affirmer que la spécialisation et la répétition du même travail dégoûtent les hommes. C'est vouloir nier notre expérience journalière, dit Le Châtelier. Quoi de plus monotone que le métier d'expéditionnaire, ou même d'employé supérieur dans une grande administration ? Et pourtant le nombre de candidats à ces places est énorme ; les privilégiés qui les occupent sont un objet d'envie. De même, le paysan traçant tous les jours des sillons identiques avec sa charrue, ne se doute pas de la monotonie de son travail. Il le recommencera, toute son existence, sans en souffrir. D'après l'expérience des chefs d'industrie compétents, il en serait exactement de même des ouvriers. A peine en rencontre-t-on un sur cent capable de s'apercevoir de la monotonie de son travail. L'ouvrier accomplit son travail sans y penser, songeant tranquillement à ses petites affaires, à ses projets, etc. (Voir plus bas nos critiques).

En guise de conclusion, Le Châtelier affirme que le système Taylor prendra dans l'avenir une marche accélérée. La lenteur actuelle de son développement résulte de la nécessité par sa mise en œuvre de l'accord parfait du chef d'industrie et du chef d'atelier. Or la rencontre dans une même usine de deux hommes imbus de nouvelles doctrines est rare.

Le second article publié par la *Revue de Métallurgie* est celui de C.-B. Thompson (1), professeur à *Harvard University* sur l'*Organisation Scientifique du travail*; il résume les principales publications faites jusqu'ici sur le système Taylor et donne de nombreux exemples d'applications industrielles du système.

Cette bibliographie, c'est toute une littérature;

(1) Revue de Métallurgie, vol. XII, avril 1915, p. 283-315.

elle se rattache au développement théorique de l'organisation scientifique, à son fonctionnement, à l'organisation scientifique et aux chemins de fer, aux méthodes, au facteur humain dans l'organisation scientifique, aux syndicats d'ouvriers. Les plus importants sont les travaux de Taylor lui-même, notamment ses *Principles of Scientific Management* et *Shop Management* (Organisation des ateliers) ainsi que son *Art of Cutting Metals* (Taille des métaux). Il attire l'attention sur le préjugé qui consiste à supposer que le perfectionnement des méthodes de travail diminuera le nombre des ouvriers employés dans l'industrie. C'est le reproche fait autrefois aux machines, personne aujourd'hui ne voudrait le reprendre à son compte. Il en sera de même pour l'organisation scientifique ; les perfectionnements des méthodes de travail entraînent seulement des inconvénients passagers lorsqu'ils se développent trop rapidement, en amenant une perturbation profonde des conditions économiques antérieures.

Thomson résume ainsi (d'après Kendall) les procédés qui se réunissent pour augmenter le rendement de l'ouvrier :

1° *Analyse élémentaire des opérations.* — Cette étude systématique permet de supprimer les mouvements inutiles, de combiner

la succession des mouvements les plus avantageux, de modifier certaines défectuosités
des machines.

Par exemple, dans une fabrique d'appareils d'éclairage, il a suffi d'apporter à l'ouvrier les pièces à travailler rangées dans une
boîte que l'on plaçait à 20 centimètres de sa
main gauche, pour augmenter notablement
sa production ; auparavant les pièces étaient
disposées pêle-mêle autour de lui.

2° *Sélection des ouvriers.* — Il y a de très
grandes différences entre les aptitudes des
ouvriers pour exécuter un même travail.
Ces différences peuvent se traduire par des
écarts de 50 0/0 dans leur production. En
prenant l'exemple de la reliure, on constate
qu'une jeune fille grande et forte conviendra
mieux pour le transport de lourds paquets
de livres, tandis que pour la dorure, il faudra en choisir une aux doigts délicats et
très soigneuse.

3° *Instruction des ouvriers.* — On fait connaître à l'ouvrier ces méthodes perfectionnées.

4° *Emploi de bons outils*; 5° *Stimulants*. — On incite l'ouvrier à fournir toute la production que comportent les moyens de travail mis à sa disposition au moyen d'une prime qui majore son salaire.

D'après l'opinion de Carlton (cité par M. Thomson), jusqu'ici l'organisation scientifique du travail a envisagé seulement le point de vue d'une des parties intéressées; pour aboutir, il est indispensable de réaliser tout d'abord l'accord des patrons et des ouvriers, et cet accord ne peut être obtenu qu'en acceptant l'intervention des syndicats et en admettant des représentants des ouvriers dans les conseils de direction.

Les autres articles de la *Revue de métallurgie* sont les suivants : *Rapport annuel* de M. M.-L. Cooke, lequel montre les services rendus par la méthode Taylor dans l'administration d'une grande ville; le mémoire de M. Renold sur l'*Organisation scientifique des usines*; celui de M. Allingham sur le même sujet et enfin celui de Mistress Christine Frederiks relatif à *la tenue scienti-*

fique de la maison. Les procédés scientifiques peuvent aussi renouveler l'art domestique. Il y a avant tout à considérer la *normalisation des mouvements opératoires* (standardisation). Les mouvements doivent être ordonnés, s'agirait-il même de laver la vaisselle. Il est inutile de transporter des assiettes de droite à gauche en croisant l'un des bras par-dessus l'autre. Il est nécessaire d'examiner tout ce que l'on fait pour en déterminer les parties essentielles et voir si elles répondent bien à leur but, sans gêne de la part de l'opérateur. L'auteur a employé ces procédés pour organiser sa cuisine modèle d'*Applecroft.* Elle donne les principes relatifs au groupement d'ustensiles correspondant au lieu de leur emploi et à la détermination de l'outil normal. Il y a en second lieu la question si importante de l'*établissement d'un horaire normal.* Une liste réunira les tâches quotidiennes et hebdomadaires, etc.

Enfin la *normalisation des achats, le personnel, la direction* ont leur rôle.

L'article est très intéressant et renferme une foule de conseils excellents ayant pour but l'organisation scientifique de ce côté de la vie dont l'importance est tellement grande : le home familial. La seule objection que nous puissions faire au système, c'est la nécessité pour la maîtresse de maison d'être capable de mener elle-même à bien n'importe lequel des travaux requis par la maison. Cette spécialisation dans de si nombreux domaines deviendrait par trop absorbante pour la femme et la confinerait de façon irrémédiable dans le milieu familial à l'exclusion de tout autre ; elle est d'ailleurs en désaccord avec l'évolution de la famille dans nos sociétés modernes, évolution tendant à transporter au dehors du home familial et à socialiser une foule de fonctions dévolues auparavant à l'art domestique. Mais rien ne s'oppose à voir profiter de ces conseils les divers groupements, les coopératives, par exemple, dont le rôle dépasse en étendue les limites étroites d'une famille. D'ailleurs, la vie domestique elle-même devra être taylo-

risée dans le sens de l'ordre, de l'économie et
d'une organisation meilleure.

2. — CE QU'IL FAUT PENSER DU SYSTÈME
TAYLOR

Résumons, après cet exposé, notre opinion
personnelle sur le système Taylor. Ce système présente, certes, un caractère scientifique indiscutable et tous ceux qui désirent
s'occuper désormais de l'organisation du
travail, ne peuvent méconnaître ce système.
Il est venu à son heure, et bien que Taylor
ignorait nombre de travaux scientifiques
accomplis dans les laboratoires de physiologie de l'Europe, il est arrivé, grâce à son
expérience personnelle, à des résultats par-
ticuliers, dont beaucoup ne sont qu'une
confirmation des lois générales établies par
les chercheurs scientifiques. Il paraît certain qu'au point de vue de la technologie, il
a réussi pleinement et ici la preuve peut
être donnée par l'énorme augmentation de

rendement qu'il a pu obtenir dans presque tous les cas. Ce n'est donc pas un mince résultat et il s'affirme, indiscutable. Mais ici prennent fin nos éloges. Pour pouvoir préconiser le système Taylor et vouloir son introduction généralisée dans l'industrie, il faudrait être fixé sur de nombreux points, dont certains restent jusqu'à présent dans l'ombre et d'autres paraissent discutables, si ce n'est condamnables. Certes, une organisation scientifique du travail est une nécessité inéluctable, mais il reste à se demander si le système Taylor, le premier qui soit proposé dans ce domaine, est précisément le bon système, celui qui était impatiemment attendu de tous ceux qui voudraient voir la science pénétrer aussi dans le domaine du travail industriel, afin de le réorganiser pour le plus grand bien de la société.

De notre point de vue nous pouvons faire au système Taylor trois grands reproches :

1° Ainsi que l'affirment les partisans même les plus convaincus du Taylorisme, une

grave lacune existe dans les évaluations de
Taylor, c'est l'absence de données scientifiques concernant la fatigue des ouvriers.
On ne s'en tient qu'à leurs affirmations, qui
sont contestables. Cette lacune se conçoit;
la mesure de la fatigue est très délicate et
ne peut être entreprise que par des physiologistes spécialisés dans ces études. Or,
c'était là la première chose à faire, vu que
le système Taylor bouleverse les habitudes
courantes, transforme les mouvements, les
accélère suivant les cas et imprime au moteur humain une allure toute nouvelle. Que
dans certains cas, ce facteur ait été pris en
considération, cela ne peut suffire. Ainsi
Barth arrive à formuler des lois du rapport
du travail et de la fatigue ; Gilbreth observe
que la brouette à deux roues occasionne
moins de fatigue, parce qu'elle est mieux
équilibrée que la brouette à une seule
roue, etc. Mais ces constatations sont insuffi-
santes, comme le dit Le Châtelier. Dans
son livre : *Le Moteur humain*, Amar trouve
aussi que la méthode Taylor est insuffisante

au point de vue physiologique, le savant
américain n'ayant pas le moyen d'apprécier
le degré de fatigue, de connaître la vitesse,
le rythme, l'effort qui, pour un travail
maximum, n'exigent que la plus petite dépense d'énergie. Et pourtant Amar affirme
quelques pages plus bas que « l'art de travailler est ainsi constitué et fortement établi
sur des bases scientifiques ». En réalité
cette affirmation dépasse de beaucoup les
faits, la question de la fatigue étant essentielle et le reproche de surmenage ayant été
fait un grand nombre de fois à Taylor et à
ses disciples.

Afin de résoudre le problème, un *Comité international* formé en partie de physiologistes
et en partie d'ingénieurs et de sociologues
absolument indépendants, nommés par une
Institution scientifique officielle et réputée,
devrait être chargé de l'examen de la fatigue
des ouvriers travaillant dans les diverses
industries ayant adopté le système Taylor.
C'est seulement après l'enquête et en cas
d'une solution favorable pour le système

Taylor, qu'il mériterait le nom de « scientifique » et pourrait être considéré comme dépourvu de tout danger.

2° Ce système ne présente aucune garantie pour l'ouvrier en ce qui concerne les avantages le concernant. Il est vrai qu'en ce moment, l'ouvrier jouit d'une augmentation de salaires et de la réduction des heures de travail, lorsqu'il adopte le système Taylor, mais il est à craindre qu'au moment où tout le monde sera taylorisé, ces avantages ne viennent à cesser brusquement. La crainte d'un mécontentement général, voire même d'une grève, ne peut suffire pour assurer le maintien des salaires majorés. Ici donc encore une réforme s'impose ; il faut, comme l'exige Carlton (cité par Thomson) l'intervention des syndicats d'ouvriers dans les conseils de direction.

3° Le système des « primes » qui fait partie de l'organisation même, permet de prévoir, dans une certaine mesure, que le surmenage doit se produire fatalement. Afin de pousser l'ouvrier à une production maxima,

Taylor utilise un stimulant par trop énergique, infaillible même, celui d'un gain directement lié au surcroît de travail. Comme le sentiment de la fatigue n'est pas irrévocable et peut être masqué par une augmentation de l'effort, l'ouvrier pourra rapidement atteindre les limites du surmenage et ne s'en apercevoir qu'au moment où complètement usé, bon à rien, il sera mis à la porte de l'usine qui faisait miroiter devant lui les avantages les plus extraordinaires et les plus attirants. Ce reproche a été formulé maintes fois par les adversaires du taylorisme (« la prime au surmenage »).

Le principe de cette organisation est en outre en désaccord avec les progrès de l'hygiène, qui tend à devenir de plus en plus publique, même dans les questions individuelles. Cette liberté, laissée dans le surmenage est en contradiction avec l'eugénique et toutes les sciences qui ont pour but de relever la race. Et enfin, la récompense à celui qui travaille le mieux ne constitue pas un procédé recommandable au point de vue moral, car les individus entraînés dans cette voie conserveront ces habitudes dans d'autres circonstances de la vie.

Tels sont les reproches fondamentaux et il s'en trouverait certes beaucoup d'autres à un examen fait sur place. En revanche, nous considérons sans valeur beaucoup d'attaques formulées contre le taylorisme. Il dégrade l'être humain à cause des mensurations qu'il exige, etc. Cet argument est celui des ignorants et il ne mérite pas qu'on s'y arrête. La monotonie du travail elle-même et l'absence d'élément intellectuel ne peuvent aussi être considérées comme des critiques. Le Châtelier réfute ces reproches, mais il nous est impossible de partager en cette circonstance son point de vue. Il est clair que l'exemple de la mortalité des ouvriers à Philadelphie, laquelle n'est pas plus grande là-bas qu'à Paris, n'est pas un argument. D'autre part, si l'on ne regrette pas l'abolition de l'esclavage (voir p. 88), ce n'est pas uniquement à cause des conditions anti-hygiéniques dans lesquelles vivaient les esclaves, mais c'est surtout à cause des conditions même dans lesquelles s'accomplissait ce mode de travail (travail « par contrainte »). En ce qui concerne les emplois d'expéditionnaire ou d'employé de bureau, c'est l'âpreté de la lutte pour l'existence qui nous donnera les raisons du nombre considérable de candidats à ces professions et non l'amour du travail monotone. Quant au paysan qui conduit sa charrue, son travail est peut-être uniforme, mais non monotone. Puissent tous les travaux être aussi monotones que celui qui s'accomplit au sein de la nature, aux attraits sans cesse changeants, avec le sentiment de la vie, de la liberté et de la beauté.

En réalité, la monotonie du travail n'est pas un reproche qui puisse toucher le système Taylor, pas plus que l'absence de l'élément intellectuel et l'augmentation de la discipline avec diminution de la spontanéité. Le reproche de la monotonie peut être fait à tous les travaux de fabrique, et seuls les degrés de cette monotonie diffèrent. Ce reproche est irréductible, comme celui qui touche les machines elles-mêmes. Le travail industriel est donc monotone par son essence même et il est fort peu intellectuel, tendant irréductiblement vers l'automatisation de plus en plus grande, de plus en plus complète. Les physiologistes de l'industrie le savent bien. Ils connaissent la différence entre le travail manuel, tel qu'il est enseigné dans les écoles au point de vue pédagogique et tel qu'il est exécuté par l'ouvrier au point de vue industriel. Dans le premier cas il s'agit d'une action éducative exercée sur les centres psycho-moteurs, dont la main n'est que l'instrument fidèle. Aussi apparaît-il indispensable de varier le genre de travaux, et ceci pour faire entrer en jeu des zones du cerveau de plus en plus nombreuses et, dès que le travail s'exécute bien et commence à devenir automatique, il faut l'arrêter et en entreprendre un nouveau.

Chez l'ouvrier, il en est tout autrement. Il s'éternise sur un seul métier, toujours le même, qu'il porte à la plus haute perfection possible et sa tendance, son désir, son but, est l'automatisme le plus grand possible. Aujourd'hui les amis du peuple savent bien que le travail industriel ne peut être la source d'une évolution mentale de l'ouvrier. Cette certitude les pousse à économiser les forces de l'ouvrier dans une mesure plus grande encore, à diminuer ses heures de travail, par le perfectionnement du travail même, à lui donner le réconfort, une habitation salubre à la campagne et une instruction pouvant suppléer à l'automatisation que réclame son rôle d'ouvrier industriel et que les besoins de notre civilisation rendent inexorable. Et c'est ainsi que les revendications humanitaires ont, à l'heure actuelle, des points d'appui nombreux puisés dans la science même.

Tel se présente le système Taylor. Nous ne l'avons pas dénué de caractère scientifique, mais nous avons vu qu'il présentait de nombreuses fautes et lacunes d'organisation. Ce système est-il susceptible de perfectionnement, d'amélioration, qui lui permettront un jour d'occuper une place prépondérante dans l'organisation du travail ou bien, au contraire, présente-t-il à sa base une erreur fondamentale qui l'empêchera de se généraliser et va le vouer au néant? Seules les recherches ultérieures permettront de répondre à cette question. Quoi qu'il en soit, ce système doit à l'heure actuelle attirer l'attention des producteurs, et après la crise actuelle que nous traversons, lorsque un besoin de renouveau et de productivité accélérée se fera sentir, une organisation scientifique du travail deviendra plus que jamais nécessaire encore. Et on ne peut que regretter que les méthodes scientifiques ne nous aient point encore fourni de réponse décisive et que la parole soit aux empiriques... En tout état de cause, le système Taylor, malgré ses nombreux avantages, ne devra être employé qu'avec grandes réserves et beaucoup de tact, étant suspect de surmenage pouvant détériorer la race.

Au moment de la correction des épreuves de ce travail, nous prenons connaissance du

livre récemment paru de J.-M. Lahy (1) !
Cet auteur fait de très nombreuses objections au système Taylor, sa conception du
travail étant entachée d'une triple erreur :
psychologique, sociologique et industrielle ;
il perfectionne les méthodes, non en vue du
bien-être de l'ouvrier, mais afin d'assurer la
surproduction de chacun. Le travail dans
les usines réorganisées d'après le système
Taylor, est basé sur la contrainte, la discipline, ce qui est le contraire de l'invention
et conduit à la fatigue ; l'ouvrier n'est considéré que comme une pièce du système.
Jamais la préoccupation de déterminer
scientifiquement la fatigue chez l'ouvrier
n'apparaît dans son système, il s'en rapporte
aux travailleurs, qu'il considère d'ailleurs
d'avance comme des paresseux. Le problème
de la sélection dont Taylor s'est tellement
occupé, ne vise pas en réalité la supériorité
professionnelle, mais elle a en vue uniquement le triage de mouvements, de façon que

(1) J.-M. Lahy, *Le système Taylor et la physiologie
du travail professionnel*, Paris, 1916, Masson, 198 pages.

Taylor ne s'est pas posé pour chaque métier le double problème de la supériorité professionnelle et de la fatigue, ainsi que le réclament les recherches réellement scientifiques. Les méthodes de Taylor marquent à quelques égards un progrès, mais le travail n'est pas perfectionné, il est seulement plus rapide (1). C'est, en fin de compte, le rendement ouvrier qui règle la durée et l'intensité du travail, aussi les résultats sont souvent déconcertants. Il a employé, pour le travail humain, les mêmes procédés que pour le travail mécanique, ce qui est une erreur à cause de la fatigue qui intervient dans le fonctionnement du moteur humain. Ses disciples, comme lui, n'ont envisagé ce problème que théoriquement. Taylor ne connaît pas la physiologie, son étude des mouvements est loin d'être aussi précise que celle

(1) Cette rapidité plus grande du travail, dont la qualité n'est nullement abaissée, est néanmoins un perfectionnement réel, mais à lui seul il ne saurait nous satisfaire.

de Marey (1). Des inventions faites soi-disant par lui ou ses disciples, sont l'œuvre de Marey. Son système renferme de nombreuses lacunes, il est incomplet, il n'a pas transformé en entier l'organisation des ouvriers ; en réalité son système vise les manœuvres, mais il conduit à une dépréciation de l'ouvrier qualifié. Son système des salaires à primes est un encouragement à la surproduction. Les problèmes psychiques, tout ce qui concerne, par exemple, le rythme du travail et du repos, choses essentiellement

(1) Il n'est pas sans intérêt de rappeler tout ce que nous devons à Marey, l'inventeur de la méthode graphique et de la chronophotographie. Lahy rappelle qu'à côté de ses travaux classiques, connus de tous les physiologistes, Marey avait entrepris quelques recherches sur le travail professionnel et d'autres travaux dans ce domaine ont été accomplis dans son laboratoire du parc des Princes ou à l'Institut qui porte son nom. Voir notamment :

E.-J. MAREY, *Travail de l'homme dans les professions manuelles*. Revue d'Hygiène alimentaire, 1904, p. 197. — Id. *L'économie de travail et l'élasticité*. La Revue des Idées, 15 mars 1904.

CH. FRÉMONT, *Étude expérimentale du rivetage*. Soc. d'encouragement pour l'Industrie nationale, Paris, 1906.

individuelles, sont restées inconnues à Taylor. Un grand nombre de professions n'ont point été étudiées. D'ailleurs, Taylor n'a inventé rien d'essentiel, il n'a fait que perfectionner certaines choses. Le chrono-métrage des mouvements élémentaires, qui est l'idée originale du système, n'est pas suffisant et ne saurait remplacer le chrono-métrage global jadis en usage, etc.

Un grand nombre de ces reproches ont leur raison d'être et nous avons déjà exprimé notre opinion en ce qui concerne la fatigue. Toutefois, Lahy parle d'une augmentation de fatigue comme si elle était un fait prouvé et indiscutable (p. 123). Nous ne pouvons partager son opinion lorsqu'il prétend que le chronométrage exige une soumission dégradante que l'ouvrier ne voudra pas accepter. Or, dit Lahy, si les diverses mesures préconisées par le Taylorisme ne sont pas liées indissolublement, nous ne sommes plus en présence du système Taylor. Nous trouvons que le système Taylor est incomplet, beaucoup de professions n'ont point été envisagées, la part de la fatigue n'a pas été déterminée, ce fait est indéniable. Mais les continuateurs de Taylor pourraient corriger les erreurs de son système et le perfectionner. C'est aux physiologistes, dit Le Châtelier (1), de déterminer le rôle de la fatigue. Taylor a fait ce qu'il a pu. D'ailleurs, Lahy trouve aussi que dans l'œuvre de Taylor il n'y a aucune idée préconçue de surmener l'ouvrier; son œuvre est de toute sincérité.

Taylor dit lui-même que l'organisation scientifique ne comporte pas nécessairement une grande invention ni la découverte des faits nouveaux extraordinaires ; elle consiste dans une certaine combinaison d'éléments qu'on n'avait pas encore réalisée, dans le groupement de connaissances analysées et classées sous forme de lois et de règles qui constituent une science.

(1) J. Amar, *Organisation physiologique du travail*, vol. de 374 p. 1917, Paris, Dunod et Pinat. Préface de M. Le Châtelier.

Concluons, en disant, que ce n'est pas un parti politique quelconque qui devra tirer profit d'une organisation scientifique du travail, mais bien la société tout entière. Le Taylorisme, complété sur certains points, perfectionné sur d'autres, mis en rapport avec les données de l'énergétique et de la psychologie, ne recevra une sanction définitive que le jour où il se mettra d'accord avec les organisations économiques du travail, telles que les syndicats d'ouvriers et les coopératives.

Ces problèmes ne cesseront d'avoir une importance essentielle jusqu'au moment, encore très éloigné, où les machines se chargeront d'accomplir le travail réservé jusqu'alors à l'homme. Mais à l'heure actuelle, toutes les recherches scientifiques sur l'organisation du travail s'accordent à attribuer au facteur « humain » le rôle prépondérant.

3. — RÔLE DE L'ÉCOLE DANS LA DÉTERMINATION
DES APTITUDES

Ce n'est pas abandonner le domaine de l'utilisation du travail et de la fatigue professionnelle que de parler des recherches qui, depuis une vingtaine d'années, ont choisi l'enfant pour objet et ont abouti à la constitution d'une science nouvelle : la *Pédologie* (Science de l'enfant). Au Congrès international d'Hygiène et de Démographie de Bruxelles de 1903, j'insistais sur la nécessité d'un examen médical préliminaire des travailleurs (voir plus haut) dans le but de reconnaître leurs aptitudes et les guider dans le choix d'une carrière. Tous ceux qui ont fait fausse route dans la vie deviennent facilement la proie du surmenage; leur rendement est fortement diminué et partant, leur bien-être. Nous entrevoyons dans ces inaptitudes pour certaines professions des causes de surmenage et d'improductivité sociale.

Ce point de vue s'est élargi depuis considérablement et l'étude de la pédologie nous a montré la nécessité de reporter cet examen à un âge beaucoup plus jeune, à le rendre obligatoire déjà aux Ecoles primaires et même plus tôt, et à le faire porter sur tous les domaines de la vie, aussi bien physique, qu'intellectuelle et morale. L'inspection médico-pédagogique, telle qu'elle est pratiquée dans les Ecoles de la plupart des pays depuis quelques années, est un pas en avant dans la solution du problème, mais à elle seule ne saurait suffire. Il s'agit en effet de la détermination des aptitudes et des inaptitudes, et celles que l'examen médical est en état de dévoiler, ne constituent qu'une partie des recherches (organes des sens, croissance, constitution physique, maladies, bref les données anthropométriques et pathologiques seules). Reste inexploré le vaste domaine des aptitudes intellectuelles proprement dites, des aptitudes artistiques et des aptitudes techniques.

En ce qui concerne les deux premiers

groupes, nous renvoyons le lecteur à nos travaux (1) publiés antérieurement sur ce sujet. Comme dans ce chapitre nous ne visons que le travail de l'ouvrier, nous n'envisagerons que les aptitudes d'ordre technique.

L'état actuel de la science pédologique exige que des mensurations exploratrices d'un ordre spécial soient effectuées aussi bien dans les *Écoles primaires du quatrième degré* que dans les *Écoles d'apprentissage des métiers*. Les premières sont destinées aux élèves qui n'ont pas encore fait choix d'une carrière et qui s'exercent dans toutes les directions. C'est lui que se fait l'éveil des apti-

(1) Voir notamment : La Revue Psychologique, publiée par nous depuis 1908 (Bruxelles); *les Travaux du premier Congrès international de Pédologie*, réuni à Bruxelles en 1911 et dont les deux volumes ont été publiés par nos soins, ainsi que les publications de la *Faculté Internationale de Pédologie*, de Bruxelles. Cette institution dont nous avons assumé la direction, est une Ecole d'enseignement supérieur destinée à initier les pédagogues modernes à toutes les sciences et techniques de l'Enfant. Les événements survenus en Belgique nous ont forcé de fermer notre institution avec l'intention ferme de la rouvrir plus tard.

tudes. Certes, la plus ou moins grande habileté des élèves dans l'accomplissement de tels actes peut servir de guide aux maîtres intelligents et compétents, mais cette évaluation est insuffisante et les progrès actuels de la science s'opposent à une conception purement empirique. Dans tous les domaines, l'empirisme doit être inévitablement remplacé par des données scientifiques. C'est une loi générale, dont la réalisation assure le progrès. Or, il existe d'ores et déjà une série de mensurations, d'expériences possibles, qui permettent de faire la mesure de tous les sens intervenant dans les divers actes mécaniques : les *divers modes et degrés de la sensibilité tactile*, de la *sensibilité à la pression, du sens de la résistance*, de la *précision des mouvements, de leur vitesse*, des *modes divers du sens kinesthésique* (sens musculaire). Ces sens peuvent être désignés sous le nom global de « sens mécaniques ». Ajoutons-y la *vision*, avec tous les éléments qu'elle comporte : *sens des proportions, sensibilité aux formes, aux couleurs, aux luminosités*, *perception de la perspective.* En passant aux qualités psychiques supérieures, nous voyons l'énorme importance présentée par l'*attention*, la *mémoire technique*, puis par l'*imagination mécanique*, lorsqu'il s'agit d'invention. Il ne faudrait pas passer sous silence la portée du *dessin*, du *modelage*, de la *taille*, de la *sculpture* et enfin du *goût* et du *sentiment esthétique* (décoration) qui jouent un rôle prépondérant chez l'ouvrier d'art. Toutes ces facultés, y compris celles que nous ne pouvons énumérer faute de place, peuvent être examinées, étudiées, mesurées et leurs diverses combinaisons vont constituer ces formations compliquées qu'on appelle les aptitudes. Que dire d'une Société où tout le monde aurait suivi le cours de ses goûts, de ses penchants et aptitudes, où chacun occuperait la place qui lui convient le mieux et où les divers emplois seraient attribués au « plus apte » ? Une société pareille serait transformée de fond en comble, dans le sens d'une plus grande équité, d'une plus grande productivité et d'une félicité plus grande.

Ce principe du « plus apte » devra régler notre société future. Ce principe n'est pas le système égalitaire, mais la justice n'est pas l'équivalent de l'égalité complète. Il s'oppose en tout cas aux inégalités extrêmes et réellement injustes, telles qu'elles se pratiquent de nos jours.

Aussi nous formulons un second vœu (le premier était l'examen scientifique du Taylorisme), c'est celui de voir l'enseignement de la « Science des aptitudes », laquelle constitue un chapitre de la psychologie individuelle expérimentale, pénétrer dans tous les milieux qui ont à charge de former nos futurs ouvriers techniques et industriels de même que les ouvriers d'art, et ceci dans le but de dépister les aptitudes réelles et les diriger dans la voie qui sera la plus favorable pour eux-mêmes et pour la société.

III

LA FORCE ET L'APTITUDE AU TRAVAIL

1. — ÉVALUATION DE LA FORCE ET DU TRAVAIL DE LA MAIN DROITE ET DE LA GAUCHE

Comparaison anthropométrique des sexes.

Le problème de la droiterie et de la gaûcherie dépasse de beaucoup les limites d'une simple évaluation de force musculaire : il constitue un chapitre de la psycho-physiologie cérébrale. Mais le fait le plus apparent, celui qui de prime abord s'impose à l'attention générale, c'est certes la différence de force qui s'affirme constamment entre les deux mains et qui fait que la majorité des individus étant « droitiers », une faible minorité est constituée par les « gauchers ».

Nous n'envisagerons ici que la différence de force : les chapitres suivants traiteront d'autres points de vue et pour les diverses questions touchant la droiterie et la gaucherie, nous renvoyons le lecteur à des publications antérieures (1).

Rappelons que l'asymétrie est non seulement motrice, mais qu'elle s'étend aussi aux diverses fonctions sensorielles et psychiques. Ainsi, van Biervliet (2), en expérimentant sur les étudiants de l'Université de Gand, a trouvé pour le sens musculaire, l'acuité visuelle et auditive et l'acuité tactile, un degré d'asymétrie qu'il évalue à *un dixième*. Si l'on représente par dix, dit-il, la sensibilité du côté le plus développé (qui est le côté droit chez le droitier et le côté gauche chez

(1) J.-L. Iotayko, *Théorie psycho-physiologique de la droiterie*. Revue philosophique, juin et juillet 1916 et V. Kipiani, *Ambidextrie*, broch. de 103 p., Lebègue, Bruxelles, Alcan, Paris, 1912.

(2) Van Biervliet, *Bull. de l'Acad. Roy. de Belgique, classe des sciences*, 1897 et 1901.

le gaucher). Il faut exprimer environ par neuf la sensibilité du côté opposé.

En passant au côté moteur, distinguons la différence entre l'épreuve *de force* et l'épreuve *de fond*. La première s'évalue au *dynamomètre*, instrument qui marque en kilogrammes l'effort momentané lors de la pression de la main. Elle mesure la vigueur du sujet, l'aptitude à produire un grand effort, sans tenir compte de la résistance. Cette dernière est évaluée grâce à l'épreuve de fond ; parmi les procédés les plus scientifiques de mesure, il faut mentionner l'*ergographe de Mosso*, dont nous nous sommes servis dans des expériences nombreuses pour l'étude des différentes conditions du travail. L'expérience consiste à soulever systématiquement (suivant les battements du métronome) un poids (2 à 5 kilogrammes) grâce à la flexion du doigt médius. L'expérience se fait jusqu'à la limite de l'extrême fatigue. La méthode graphique permet l'enregistrement de toutes les hauteurs des soulèvements et un calcul facile (multiplier la hauteur totale des soulèvements par le poids) donne la quantité de travail mécanique en kilogrammètres. La nature de ces deux épreuves est donc très différente et il était intéressant d'étudier parallèlement le comportement des sujets à cet égard. Ces expériences de comparaison ont été faites en Belgique, pays où le nombre de gauchers semble assez considérable ; il dépasse de beaucoup le nombre généralement admis, qui est de 2 à 3 o/o.

En ce qui concerne l'évaluation de la force au dynamomètre, mes expériences faites sur 140 étudiants et étudiantes de l'Université de Bruxelles (1) ont montré que le côté le plus fort est au côté le plus faible comme 841 à 1000, et ceci aussi bien chez les droitiers que chez les gauchers, autrement dit, le chiffre que nous proposons d'appeler *indice dynamométrique* semble être une constante pour peu qu'on prenne la moyenne d'un groupe

(1) J. Ioteyko, *Mesure de la force dynamométrique des deux mains chez 140 étudiants de l'Univ. de Bruxelles,* Mémoires de la Société d'anthropologie de Bruxelles, 1903-4.

assez considérable de sujets. Cette moyenne est de 51 kilogrammes pour la main la plus forte et de 43 kilogrammes pour la main la plus faible.

Dans ce chiffre, nous englobons étudiants et étudiantes. La différence entre les deux côtés est donc en moyenne de 16 o/o lorsqu'il s'agit de l'épreuve de force.

Examinons encore quelques autres chiffres relatifs à la force dynamométrique.

Force dynamométrique des jeunes gens âgés de 20 ans environ (Belgique).

Quételet (1834)	Droite 39, kg. 8 Gauche 37, kg. 2	Différence entre les deux mains 2 kg, 1
Ioteyko (1903) Etudiants.....	Droite 51, kg. 4 Gauche 43, kg. 0	Différence, 8 kg. 4
Ioteyko (1903) Elèves des écoles normales	Droite 52, kg. 0 Gauche 47, kg. 5	Différence, 4 kg. 5

Ce tableau montre plusieurs faits importants : la force s'est sensiblement accrue depuis Quételet, ce qui peut être mis sur le compte d'une bonne éducation physique.

En second lieu, le degré d'asymétrie a considérablement augmenté et il est plus apparent chez les étudiants de l'Université que chez les élèves des Ecoles normales.

Le degré d'asymétrie croit aussi avec l'âge des enfants ; Schuyten, qui a constaté le fait, s'alarme de cette situation, attendu qu'elle est corrélative à une asymétrie de tous les organes et de toutes les fonctions.

En ce qui concerne l'épreuve de résistance, un travail fut accompli sur nos conseils par Schouteden (1), qui expérimenta sur 18 étudiants et 7 étudiantes de l'Université de Bruxelles, élèves de notre cours de psychologie expérimentale. Chose intéressante, le rapport du travail mécanique des deux côtés (*indice ergographique*) est le même chez les droitiers que chez les gauchers, lorsqu'on calcule la moyenne générale. En englobant dans une mesure commune les 25 sujets, on obtient une différence de 29 o/o en fa-

(1) H. Schouteden, *Ergographie de la main droite et de la main gauche.* Annales de la Société Roy. des Sciences méd. et nat. de Bruxelles, XIII, 1904.

veur du côté le plus développé (4 kgm. 562 et 3 kgm. 246).

Il résulte de ces expériences que le degré d'asymétrie n'est pas le même pour ces différentes épreuves. Il est le plus bas pour les diverses sensibilités (musculaire, tactile, visuelle et auditive) : 10 0/0. Il s'élève notablement par l'épreuve de force : 16 0/0; et il acquiert un taux considérable et disproportionné pour l'épreuve de résistance : 29 0/0. Le tableau ci-dessous représente ces rapports.

Indice bimanuel (degré d'asymétrie).

(ÉTUDIANTS)

		Différence
Indice sensoriel {	Sensibilité tactile » musculaire » visuelle » auditive }	Van Biervliet 10 0/0
Indice de force...............	I. Ioteyko	16 0/0
Indice de résistance...........	H. Schouteden	29 0/0

Nous ne voulons nullement généraliser ces conclusions; les différents coefficients peuvent varier suivant les circonstances, mais il paraît probable que la direction du phénomène restera la même.

Cette différence de force et de résistance entre les deux mains est donc très considérable même chez les étudiants, qui ne travaillent pas manuellement. Et ne perdons pas de vue que ce n'est là qu'une moyenne (1) de que, dans certains cas, les différences individuelles peuvent acquérir un taux beaucoup plus élevé. Ceux qui ont fait des expériences de ce genre ont dû être frappés bien des fois par l'aspect indolent que présente la main gauche chez nombre de gens. Ils le disent d'ailleurs : je ne peux rien faire avec cette main ! cela ne compte pas.

Il y a urgence, croyons-nous, à compléter ces données par l'examen de la force et de la résistance au travail chez les ouvriers dans les différentes professions, dans celles qui nécessitent une seule main et dans celles

(1) Seul Van Biervliet affirme que le rapport bilatéral des sensibilités se maintient constant même pour chaque individu.

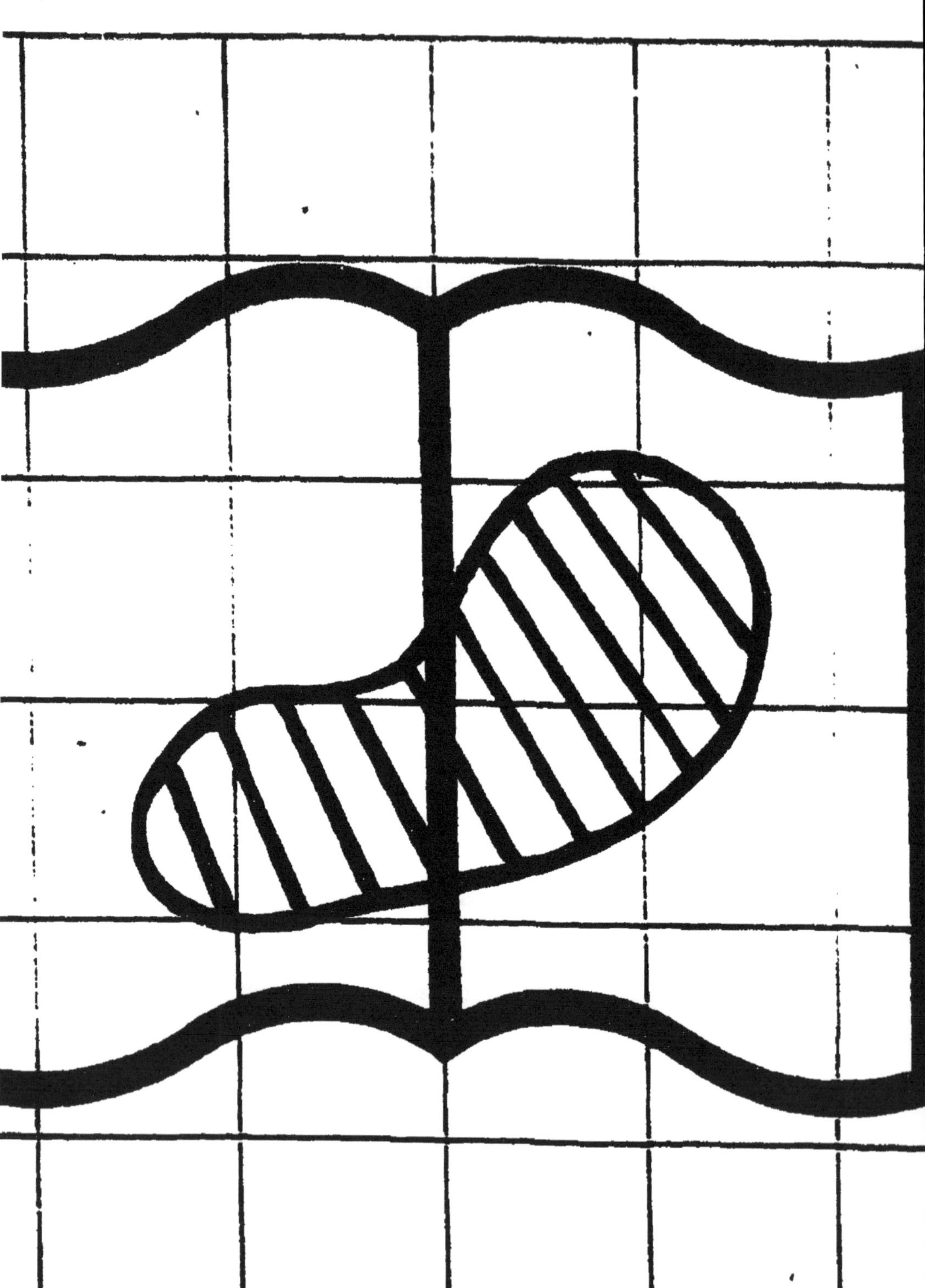

qui sont ambidextres. On arriverait ainsi à une meilleure utilisation des aptitudes physiques. On pourrait même faire de la culture individuelle et, par des exercices appropriés, corriger l'asymétrie dans ce qu'elle a d'excessif.

Comparons maintenant le degré de l'asymétrie motrice chez l'homme et chez la femme.

D'après Klippel, Pitres, Ferrari, d'Almeïda de Rocha, etc., la femme aurait plus de tendance à l'égalisation des deux côtés, ce qui pourrait amener même à la prédominance de la main gauche. Ainsi, Klippel appelle, pour cette raison, le cerveau droit, le *cerveau féminin*, et le cerveau gauche, le *cerveau masculin*. D'Almeïda de Rocha trouve que la femme est foncièrement gauchère, tandis que l'homme est droitier. Sous l'influence d'une grande fatigue produite par de nombreux ergogrammes, on voit apparaître nettement la prédominance du côté droit pour les hommes, du côté gauche pour les femmes.

D'après Ferrari (1), la prédominance de la main gauche chez la femme se manifeste surtout dans les recherches ergographiques. Les sujets-femmes de Ferrari se servent de préférence pour leurs travaux de la main droite, et au dynamomètre elles présentent une force plus grande de ce côté. Mais à l'ergographe, c'est tout le contraire : les fléchisseurs de la main gauche possèdent une force de résistance très considérable, beaucoup plus grande comparativement que chez l'homme. L'orgogramme fourni par la main gauche est non seulement plus considérable que celui fourni par la droite, mais le sujet n'accuse avec la gauche aucune sensation de fatigue ; les femmes peuvent, au commandement, retracer avec la main gauche une nouvelle courbe, qui possède les caractères de la courbe de la main droite. L'infatigabilité de la main gauche jointe à l'absence du sentiment de fatigue fait penser à Ferrari qu'elle est d'origine centrale.

(1) Ferrari, *Ricerche ergografiche nella donna*. Rivista sperimentale di Freniatria, XXIV, 1898.

Comparons maintenant l'*indice actuel* de *force* et celui de la *résistance* chez les deux sexes.

En ce qui concerne l'indice sexuel de force, mesuré au dynamomètre (comparaison globale de la force de la femme à celle de l'homme) il est, d'après nos évaluations, de 570/1000, soit une différence de 43 0/0.

Quant à l'indice sexuel de résistance, mesuré à l'ergographe (comparaison globale de la résistance au travail de la femme à celle de l'homme), il est de 639/1000, soit une différence de 36 0/0, d'après les expériences de Schoutedon.

Il résulte de ces expériences que la force ergographique chez la femme est plus développée proportionnellement à celle de l'homme. Chez elle, la résistance au travail l'emporte sur la puissance de l'effort momentané. Elle est donc plus apte à fournir un effort modéré qu'à donner un effort unique maximum.

Ces conclusions expérimentales s'accordent bien avec les constatations de Mosso :

la grosseur du muscle est chose distincte de son aptitude à fournir une grande somme de travail pendant une longue période ; elle lui permettra de soulever un poids plus grand, mais elle ne l'aidera pas à soulever un poids moyen un nombre de fois plus grand. Les rapports différents que l'on observe chez la femme et chez l'homme entre les deux modes d'évaluation quantitative de la force musculaire nous fourniront donc un moyen d'apprécier la différence *qualitative* existant entre les deux sexes au point de vue de la force : un effort modéré répété convient mieux à la femme qu'un effort maximum donné en une fois. Cette donnée applicable au travail industriel, acquiert un intérêt tout particulier à l'heure actuelle, où le travail des femmes s'est généralisé dans une si large mesure. Nous voyons la nécessité d'une *sélection* soignée des ouvrières en ce qui concerne leurs aptitudes motrices, car les différences individuelles s'accusent aussi très nettes.

Dès 1899 nous avons insisté sur l'absence d'une corrélation complète entre l'épreuve dynamométrique et l'épreuve ergographique, même au point de vue individuel.

Ces données sont en accord parfait avec d'autres observations qui établissent nettement que la femme est plus résistante que l'homme, même au point de vue absolu. Ainsi le quotient de mortalité du sexe féminin est moindre que celui du sexe masculin, sauf quelques périodes de la vie ; on compte 16 femmes de 103 ans contre un homme du même âge. Il y a à tous les âges plus de femmes que d'hommes, bien qu'il naît plus de garçons que de filles. A la fin de la première année, sur 100.000 nés vivants de chaque sexe, la différence en faveur du sexe féminin est de 2.077, et elle atteint son maximum, 6.739, à l'âge de 67 ans. Certaines assurances constituant des retraites, majorent de 5 o/o la prime annuelle à verser par les femmes. Il y a supériorité des naissances masculines et supériorité des existences féminines.

D'autres preuves sont fournies par les causes mêmes qui déterminent la sexualité.

Parmi ces causes il en est une dont le rôle important est suffisamment bien prouvé. Il a été reconnu, aussi bien pour le règne animal que pour l'homme, que la détermination du sexe se fait sous l'influence de conditions nutritives, et que de bonnes conditions favorisent l'apparition du type féminin. Les statistiques recueillies par René Worms (1) en France sont très significatives à cet égard. Il s'est occupé, non seulement des cas d'enfants nés vivants, mais aussi des mort-nés ; ces derniers n'avaient jamais fait partie des statistiques, ce qui ne pouvait contribuer qu'à fausser celles-ci. La théorie nutritive permet de se rendre compte de la faiblesse du mâle en même temps que de l'excédent des naissances masculines. La nutrition étant sous la dépendance des conditions économiques, on saisit le lien entre les phénomènes biologiques et sociaux. Suivant Worms, le progrès de la richesse et du bien-

(1) R. Worms, *La sexualité dans les naissances françaises.* Vol. de 287 p., Paris, 1912, Giard et Brière.

être fait baisser à la fois la natalité et la mascu-
linité. Les départements pauvres (Lozère, Mor-
bihan) ont montré un coefficient de mascu-
linité élevé. A Paris, l'excès de mâles tombe
à son minimum lorsque les parents sont du
même âge, tandis qu'il se relève quand
l'écart grandit entre le mari et la femme. Il
est plus élevé parmi les ouvriers que parmi les
employés. Il s'est légèrement rehaussé après
la guerre de 1870. Ajoutons à ces données
que les chiffres qu'on a eu l'occasion de recueillir au moment de la guerre mondiale,
ont montré un excédent de naissances masculines plus accentué qu'à l'ordinaire.

Bien avant Worms, l'italien Niceforo (1),
dans son livre sur les *Classes pauvres*, paru en
1905, avait soutenu en partie la même thèse.
William J. Thomas avait aussi trouvé (1897)
que les populations pauvres présentent un
nombre de naissances masculines plus considérable que les classes riches. Raseri avait

(1) A. NICEFORO, *Les classes pauvres. Recherches anthropo-
logiques et sociales*. Vol. de 244 p., Paris, 1905. Giard et
Brière.

constaté que, dans les années de disette et de guerre, il naît plus de garçons que de filles.

Les statistiques de Worms sont néanmoins les plus complètes et permettent d'édifier la théorie nutritive sur des bases solides. Comment expliquer ces faits qui semblent en désaccord avec l'observation courante que l'homme a, en général, plus de vigueur que la femme. Si la femme naît, dit Worms, avec des réserves alimentaires plus riches, cela facilite son existence, mais cela la dispense d'une activité qui accroîtrait ses facultés et son rendement. La sélection est plus sévère pour l'homme et elle lui est en même temps plus utile.

De Greef (Bruxelles), frappé par ces résultats, est allé jusqu'à dire que le sexe prétendûment faible est en réalité le sexe fort ; il est le plus résistant contre les forces destructives de la vie ; il est aussi le plus difficile à produire ; il lui faut les conditions les plus avantageuses. Les zoologistes trouvent que la femelle est le sexe fort et que le mâle est le sexe beau.

Examinons cette opinion et posons-nous la question de savoir si réellement le sexe féminin peut être qualifié de « fort » ?

La réponse doit être fournie par la physiologie, et non par la sociologie ou même la zoologie. Une vitalité plus grande n'est pas l'équivalent de force. Et même le mot « vitalité » est mal choisi ; il s'agit de longévité, de « viabilité », pourrait-on dire. Force et longévité peuvent même être en contradiction. Consultons les données anthropométriques.

Les chiffres ci-dessous représentent les quantités féminines exprimées en centièmes des masculines :

Taille et poids du corps 88,5 à 94 (rapportés à 100).	
Poids de l'encéphale 90	(Broca et divers).
Poids du squelette (fémurs) 62,5	(Manouvrier).
CO² exhalé en 24 heures 64,5	(Andral et Gavarret 1843).
Capacité vitale (18 ans) 72,6	(Pagliani, 1876) (1).
Force de pression au dynamomètre (mains) 57,1	(Manouvrier, Ioteyko).
Force de traction au dynamomètre (mettant en jeu les muscles du dos) 52,6	(Quételet 1869).
Épreuve de résistance (ergographe) 68	(Schouten).

(1) Il s'agit de l'épreuve respiratoire au spiromètre.

Ce tableau montre que, d'une façon générale, la femme est à l'homme, au point de vue physique, comme 80 à 100, ainsi que l'affirme Manouvrier, mais les coefficients sont très inégaux suivant la donnée considérée. Le rapport est le plus bas en ce qui concerne l'effort momentané mesuré au dynamomètre (57 o/o et même 52 o/o) : la force de l'homme est presque le double de ce qu'elle est chez la femme. Cette dernière épreuve est caractéristique de la force ; elle nécessite un effort brusque et instantané, une décharge énergique et rapide du système nerveux. Elle est l'attribut du sexe masculin.

Ces faits apparaîtront encore plus significatifs lorsque nous examinerons le développement de la force dynamométrique avec l'âge des enfants. Les filles sont plus faibles que les garçons à tous les âges, mais la différence est petite jusqu'à 11 ans et elle s'accroît de plus en plus à partir de cet âge. La divergence des courbes pour garçons et filles s'accentue le plus profondément dès qu'on approche de la puberté. En outre, la force des filles cesse de croître sensiblement déjà à partir de 14 ans dans certaines courbes.

Et, si on compare le développement de la force musculaire à celui d'autres aptitudes anthropométriques, on constate des différences non moins caractéristiques. La différence de poids et de taille entre l'homme et la femme adultes est environ de 10 o/o en faveur de l'homme. Mais à un moment donné de la croissance (vers l'époque de la puberté), les filles sont supérieures aux garçons à cet égard. Cette supériorité dure trois ans pour la taille et 7 ans pour le poids. Or, une prédominance de force ne se montre à aucun moment de l'existence chez les filles. Par conséquent, *même alors que le poids et la taille des filles l'emportent sur ceux des garçons, leur force musculaire ne subit pas d'accroissement en conséquence.* La force musculaire est donc par certains côtés indépendante de la croissance générale. Elle est par excellence un caractère sexuel. C'est à la puberté que s'accentue et s'établit définitivement la différence de force entre les sexes.

Les anthropologistes étudiant les différences entre les sexes n'oublieront donc pas ce fait saillant : dans l'ordre des différences physiologiques, la *force musculaire* (effort momentané) constitue un caractère spécifique du sexe masculin. On pourra y joindre la *différence dans la hauteur de la voix*. Les hommes de petite taille sont musculairement plus forts que les femmes même de haute stature et ils ont la voix plus basse. La différence de force est due à des masses musculaires plus grosses chez l'homme d'une part, et à des qualités particulières du système moteur.

Mais la femme est comparativement plus résistante. Dans certains cas cette endurance plus grande est absolue, comme dans sa résistance aux maladies, dans sa longévité, dans la cause déterminante des sexes. Dans d'autres cas, elle est relative, comme dans l'épreuve ergographique. Le coefficient est égal ici à 63 o/o, alors qu'au dynamomètre il est de 57 o/o.

Or, les conditions métaboliques (de nu-

trition) sont toutes différentes dans le cas de
« force » et dans le cas de « résistance ». Le
déploiement de force exige un déclanche-
ment brusque et énergique et est suivi d'un
épuisement consécutif pendant lequel s'accomplit la réparation et l'apport de matériaux nutritifs. Elle agit donc par inter-
mittence, par décharges et peut, de ce fait,
ne disposer que d'une quantité restreinte de
matériaux nutritifs, à condition qu'ils se
reforment assez rapidement. Ces deux conditions : faculté d'agir instantanément sous
l'impulsion d'un excitant et possibilité de
reformer rapidement les pertes subies carac-
térisent la force.

Il en va tout autrement de la résistance.
Elle nécessite une dépense lente et graduelle
d'énergie, s'accompagne de peu de fatigue
ou même en est indemne. On ne perdra pas
de vue, non plus, qu'il existe aussi des résistances purement passives, même dans le
travail dit musculaire (résistance opposée
par les os et les articulations). Le travail de
résistance est sans conteste plus économique,

plus producteur et moins épuisant que le déploiement de force momentanée. Chacune de ces modalités d'énergie a sa raison d'être et ses nécessités, chacune représente une fonction distincte.

Il en résulte que nous pouvons reprendre une ancienne conception physiologique qui prétendait que l'homme est par excellence un être « catabolique » (de désassimilation), la femme un être « anabolique » (d'assimilation). Cet anabolisme, propre à la femme, n'est-il pas en rapport direct avec la fonction de maternité qui lui est dévolue ? En créant des vies, la femme ne transforme pas de l'énergie, elle la donne telle quelle sous sa forme nutritive et chimique.

L'homme personnifie la force, la femme est l'expression de la résistance. Cette résistance de la femme fera disparaître bien des préjugés qui se sont accrédités et qui la représentaient comme une « éternelle blessée », ayant besoin de ménagements à tout instant de la vie. Or, en dehors de certains états, c'est uniquement dans les cas pathologiques qu'il en est ainsi. A l'état physiologique, qui est la règle, la femme est vigoureuse, résistante et robuste. Et, pendant la guerre européenne, le travail des femmes dans tous les domaines de la vie y compris dans les usines de guerre (et cela chez tous les peuples belligérants) n'a-t-il pas prouvé, une fois de plus, l'énorme somme d'énergie et de résistance dont est capable le sexe dénommé « faible » par une observation superficielle, reconnue fausse aujourd'hui.

L'infériorité physique de la femme au point de vue de la « force » proprement dite, attestée par un système musculaire beaucoup moins développé que celui de l'homme, est originelle, croyons-nous ; néanmoins cette infériorité s'est considérablement accrue par manque d'exercice, en suivant la loi du moindre effort. La cause originelle (d'ordre biologique) a créé une certaine prédisposition, une répugnance chez la majorité des jeunes filles à l'égard des exercices physiques. Cette répugnance devra être vaincue car, à cause de l'entrée en jeu de la loi de la moindre résistance, elle a dépassé les limites physiologiques. Elle pourrait devenir morbide si une éducation physique appropriée ne venait corriger cette prédisposition à la sédentarité et tous les mauvais résultats que celle-ci est susceptible d'entraîner pour la santé.

2. — UNE NOUVELLE THÉORIE DE LA DROITERIE

(*Théorie psycho-physiologique*)

Nous ne pouvons, dans le cadre de ce travail, nous occuper des différentes théories qui ont été proposées pour expliquer l'origine de la droiterie et de la gaucherie (1) Un fait paraît certain, c'est que l'asymétrie est originelle, mais qu'elle a augmenté considérablement par un usage presque exclusif de la main droite.

Parmi les théories récentes, mentionnons

(1) Voir : J. Ioteyko, *Théorie psycho-physiologique de la droiterie.* Revue philosophique, juin et juillet 1916.

celle qui a été émise par Herber (1). Ce médecin, persuadé que la cause de la droiterie
ne pouvait être que clinique, affirme que
d'une observation constante et universelle,
*les souffrances, les efforts, les mouvements du
côté gauche du corps retentissent profondément
sur le cœur*, et que c'est dans la loi du
moindre effort qu'on doit aller chercher
la cause pour laquelle l'homme est amené
à se servir principalement de son bras
droit.

Les crises d'angoisse de poitrine (angor)
où la douleur du cœur s'irradie d'une façon
si constante jusqu'au bras gauche pouvaient
déjà laisser penser qu'il y a entre les deux
organes des connexions que le scalpel ne
découvre pas. D'autres observations établissent le retentissement des lésions du
bras gauche sur le cœur. Potain et son élève
Lasègue ont relaté une série d'observations
où des lésions du bras gauche avaient causé

(1) Herber J., *Essai d'une théorie clinique de la droiterie*. Mémoire présenté à l'Académie de Médecine,
12 novembre 1912.

des palpitations ou des troubles angineux ou de l'hypertrophie du cœur.

Des névralgies du plexus brachial, l'amputation du bras peuvent amener à leur suite des maladies cardiaques. D'après Ollier, Huchard et d'autres cliniciens, les observations montrent nettement que les lésions de toute la moitié gauche du corps peuvent retentir sur le cœur. Les mouvements un peu forts du bras gauche provoquent des crises cardiaques chez les malades.

Il y a certainement des connexions anatomiques qui expliquent ces symptômes cliniques qui, bien qu'inconnues encore, montrent les rapports du cœur avec tout le côté gauche.

Cette hypothèse sur l'origine de la droiterie, que le D' Herber a fait connaître en 1912, nous l'avions admise déjà dès 1907 et pour la soumettre à l'épreuve nous avons institué des expériences que nous n'avons fait connaître qu'en 1916. Notre point de départ a été le suivant. La droiterie n'est

certainement pas acquise dans la vie individuelle, elle est un phénomène général
chez l'homme et a existé de tout temps,
quoique à un degré moins élevé. Il y a donc
une cause importante qui gît à son origine.
Les théories et hypothèses mises en avant
par les différents auteurs ne sont pas satis-
faisantes, bien que renfermant peut-être
une part de vérité. Or, en parlant de droiterie ou de gaucherie, il faut, en première
ligne, avoir en vue *la force* comme caractère
distinctif; l'adresse est une différenciation
poussée assez loin, alors que la force est
primitive.

Or, parmi les influences du travail musculaire, celle qu'il exerce sur le cœur est
certainement la plus importante pour l'ensemble de l'organisme. Le cœur accélère ses
battements et ceci dans une proportion assez
considérable. Le surmenage du cœur est
souvent déterminé par un excès de travail
physique (1). Dans les exercices physiques.

(1) Voir notre article *Fatigue* du Dictionnaire de Physiologie de Ch. Richet. Chez Alcan.

c'est avant tout la fatigue du cœur qu'il est nécessaire d'éviter. Et enfin, la mort par la fatigue, qu'on peut observer parfois dans des cas exceptionnels (l'exemple classique du coureur de Marathon) est due à l'arrêt du cœur. Cet organe précipite ses battements tout d'abord et finit par s'épuiser.

La fatigue du cœur est donc l'écueil à éviter lors du mouvement musculaire pris dans le sens le plus large, et l'excès de mouvement imposé grandit encore lorsque l'homme n'a plus uniquement sa propre charge à supporter, mais lorsqu'il exécute du travail mécanique supplémentaire, en déplaçant des résistances.

Il paraissait donc très naturel d'admettre, même *a priori,* que quelque mécanisme auto-régulateur doit exister chez l'homme, mécanisme exerçant une action protectrice vis-à-vis du cœur, afin de le soustraire aux conséquences d'un surmenage trop grand. Et nous avons supposé que cette action défensive pourrait bien résider dans la droiterie, en incitant l'homme à se servir *de pré-*

férence dans les travaux pénibles soit de la main droite seule, soit des deux mains à la fois, mais en épargnant toujours la main gauche agissant seule, laquelle, par sa situation dans le voisinage du cœur, nous paraissait devoir se trouver dans un rapport plus proche avec cet organe que la main droite.

Nous avons soumis notre théorie à l'expérimentation. Nous la présentons non comme une théorie clinique, mais comme une *théorie psycho-physiologique de la droiterie*, vu que nous lui attribuons une signification biologique et psychique.

Ces expériences ont été abordées dès 1907 en collaboration avec Mme V. Kipiani et ont continué pendant plusieurs hivers au laboratoire de psycho-physiologie de l'Université de Bruxelles, sur des étudiants et étudiantes. Herber a cité un certain nombre de cas pathologiques qui plaident en faveur de notre opinion et la complètent dans le domaine clinique. Mais son point de vue reste quand même purement théorique. C'est pourquoi nous croyons utile la publication de nos recherches, qui apportent une contribution expérimentale au problème. Passons à l'exposé de nos expériences.

Nous admettons donc théoriquement que le même travail musculaire accompli avec la main gauche doit être plus nuisible pour le cœur qu'un travail identique accompli par la main droite. Comme critère de la fatigue cardiaque nous pouvons envisager *l'accélération des battements c diaques*, déterminée par le travail de chaque main.

Ces expériences ont été faites sur 32 sujets, élèves de notre cours de psychologie au laboratoire de psycho-physiologie de l'Université de Bruxelles (22 étudiants et 10 étudiantes), âgés environ de vingt ans. Le travail imposé à chaque bras était le suivant : l'avant-bras étant fléchi sur le bras, on donnait au sujet à tenir dans la main un poids de 2 kg. et demi. Et suivant le rythme d'un métronome, le sujet (station debout) devait soulever ce poids au-dessus de sa tête jusqu'à extension complète du membre supérieur, toutes les deux secondes. On exigeait des hommes 30 soulèvements, des femmes 20 soulèvements.

La marche générale de l'expérience était donc celle-ci. Les élèves se trouvaient réunis dans une pièce voisine et chacun d'eux se présentait séparément dans le laboratoire. Une fois arrivé, il devait pendant plusieurs minutes garder le repos le plus absolu. On sait en effet qu'il suffit de faire quelques pas pour voir le pouls s'accélérer notablement. Après ce repos, on notait la rapidité du pouls radial par minute (au moyen de la palpation simple) et on inscrivait ce chiffre comme étant l'expression de l'état normal. Après quoi, le sujet exécutait le travail indiqué avec une main. Immédiatement après, on notait le nombre de pulsations. Le sujet quittait le laboratoire et se tenait à notre disposition dans la pièce voisine en laissant le champ libre pour d'autres expériences. Il revenait au bout d'une demi-heure au moins et l'on refaisait la même expérience pour le côté opposé. En troisième lieu, on étudiait l'influence sur le cœur du travail exécuté simultanément avec les deux mains, et chacune était chargée de 2 kg. et demi.

Dans d'autres expériences on avait mesuré la force dynamométrique de tous les sujets, afin de séparer les gauchers des droitiers, ou plus exactement de connaître ceux qui sont plus forts d'un côté que de l'autre. Toutes ces expériences ont été refaites à plusieurs reprises sur chaque personne et, malgré un coefficient d'erreur, inévitable dans des expériences de ce genre, elles ont donné des résultats très nets.

Le travail imposé doit être considéré comme très fatigant, au dire des sujets d'expérience et aussi grâce à l'observation de leur attitude : la respiration était haletante, le teint coloré.

TABLEAU GÉNÉRAL

Accélération du pouls radial sous l'influence du travail musculaire (32 personnes).

Groupes	Travail bras droit augmente le pouls par minute de :	Travail bras gauche augmente le pouls par minute de :	Travail simultané des deux bras augmente le pouls par minute de :
Hommes gauchers..........	5,1 pulsations	6,5 pulsations	10,7 pulsations
— droitiers	6,4 —	7,1 —	7,2 —
Femmes gauchères	4,0 —	9,2 —	9,0 —
— droitières..........	4,0 —	7,2 —	9 —
Moyennes générales........	4,87 pulsations	7,5 pulsations	8,97 pulsations

Occupons-nous d'abord des conclusions générales à tirer de ce tableau et nous examinerons ensuite les différences par groupes.

Les moyennes générales (prises en englobant les hommes et les femmes, les droitiers et les gauchers) montrent qu'*un travail fatigant exécuté avec la main gauche produit sur le cœur un effet plus intense (plus nuisible) que le même travail fait avec la droite; la différence est égale à environ un tiers. En faisant travailler les deux mains simultanément et en fournissant par conséquent un travail double dans le même temps, l'accélération cardiaque n'est pas la somme des deux accélérations, mais elle est moindre d'un quart.*

En passant aux groupes, nous obtenons des résultats plus précis.

Chez les *hommes droitiers*, l'effet sur le cœur est presque identique dans le cas du travail de l'une ou de l'autre main, de même que lorsque les deux mains travaillent simultanément. L'avantage du travail bimanuel s'affirme nettement.

Chez les *femmes droitières*, les rapports

changent en ce sens, que le travail de la main gauche fatigue le cœur presque deux fois autant que le travail accompli avec la main droite. Le travail bimanuel est avantageux, mais moins que chez l'homme droitier. Le gain atteint un cinquième.

Chez les *hommes gauchers*, le travail de la main gauche est plus fatigant pour le cœur que le travail de la main droite. La différence est égale à un cinquième. Le travail simultané des deux mains fatigue le cœur un peu moins que la somme des travaux exécutés par chaque main séparée. La différence équivaut à un dixième.

Chez les *femmes gauchères*, le travail fait avec la main gauche fatigue le cœur presque deux fois et demie autant que le même travail fait avec la droite. Le travail simultané des deux mains fatigue le cœur comme celui qui est accompli avec la seule main gauche.

Nous pouvons maintenant interpréter ces résultats et en tirer quelques conclusions.

La fatigue du cœur, qui apparaît chez les femmes beaucoup plus grande lors du travail de la main gauche que chez l'homme, peut être attribuée à deux causes. L'épreuve était, certes, plus fatigante pour elles que pour les hommes. Elles l'accusaient d'ailleurs fréquemment. En second lieu, nous l'attribuons à une excitabilité cardiaque plus grande chez la femme que chez l'homme. Interrogées sur ce point, plusieurs de nos étudiantes affirmèrent éprouver assez souvent des palpitations.

Chez les gauchers, aussi bien hommes que femmes, le travail accompli avec la main gauche est plus nuisible pour le cœur que le travail accompli avec la droite ; mais la différence est peu sensible chez l'homme (gaucher), elle est très accentuée pour la femme (gauchère).

Il est donc permis de dire que deux conditions essentielles rendent le travail de la main gauche particulièrement nuisible pour le cœur : d'une part la gaucherie (prédominance de la force du côté gauche) et, d'autre part, le sexe féminin. Ces deux conditions mènent au travail pessimum (femmes gauchères).

Quant au travail simultané des deux mains, il présente un avantage considérable aussi bien pour les droitiers que pour les gauchers, pour les hommes que pour les femmes.

Nous voyons se confirmer de façon claire l'idée qui nous a servi de point de départ, savoir que le travail de la main gauche doit produire sur le cœur un effet plus nuisible que le même travail accompli avec la main droite. Et c'est avec un certain degré de vraisemblance que nous admettons que cette cause originelle de la droiterie réside dans le mécanisme défensif, destiné à soustraire le cœur aux effets des excitations trop fortes, déterminées par le travail excessif de la main gauche. Les résultats des expériences présentent en outre une gradation très remarquable qui ne peut être due au hasard.

Il apparaît nettement que le degré de nocivité du travail fait avec la main gauche n'est pas le même dans toutes les circonstances. Il en découle quelques conclusions pédagogiques et industrielles. Remarquons que le travail imposé était un genre d'épreuve qui exigeait des sujets des aptitudes tant au point de vue de la force qu'au point de vue de la résistance. Ici la femme s'est montrée nettement inférieure. Il en résulte que, dans les exercices d'éducation physique aussi bien que dans les travaux industriels, l'écueil à éviter pour elle c'est l'action d'un travail par trop fatigant sur le cœur. Une surveillance active devra être exercée à cet égard, même dans les cas normaux. En cas de maladie cardiaque, la femme devra être écartée de certains travaux trop durs. Mais n'oublions pas que le travail accompli avec la dextre seule ou le travail bimanuel pourront être autorisés plus souvent.

Quant à la fatigue plus grande présentée par le gaucher qui travaille avec la main gauche que du droitier travaillant dans les mêmes conditions, l'explication en est entourée encore de grosses obscurités. Mais il paraît très probable que le gaucher, qui

possède une force plus grande à gauche, est
enclin tout naturellement à développer de ce
côté une somme plus grande de travail. Il en
résulte l'indication pour les gauchers (lesquels se servent de préférence sinon exclusivement de la main gauche) d'éviter certaines
professions pénibles, telles que celle de dé-
bardeur, de déménageur, etc., à moins qu'ils
ne soient devenus ambidextres grâce à une
éducation appropriée.

Il ressort nettement de ces expériences,
qu'il est plus dangereux pour un individu
d'être un gaucher très prononcé qu'un droitier. La gaucherie nous apparaît comme une
adaptation défectueuse. Il est nécessaire de
la corriger. Il ne faut donc pas développer
chez les gauchers la main gauche au point
de vue de la force, car alors ils s'en servi-
raient à l'excès et produiraient une grande
fatigue du cœur. En développant chez eux la
main droite et en l'égalisant dans la mesure
du possible avec la gauche, on créerait des
conditions de travail ambidextre simultané,
qui est le plus avantageux. En aucun cas

pourtant on ne tendra à transformer les gauchers en droitiers, vu qu'ils ont naturellement l'hémisphère droit plus développé, plus original, plus parfait que l'hémisphère gauche. Le gaucher restera donc gaucher pour les travaux plus compliqués, les travaux d'adresse, lesquels ne s'accompagnent pas de grand effort.

La conclusion est donc que *c'est le travail excessif de la main gauche seule qu'il faut éviter, et plus chez le gaucher que chez le droitier, plus chez la femme que chez l'homme, plus chez les personnes à cœur excitable, à plus forte raison chez les malades du cœur* (1). Chez les hommes droitiers l'innocuité du travail accompli avec la main gauche seule n'est qu'apparente ; dans le cas actuel, nous avons eu affaire à des individus remarquablement robustes ; cet effet nuisible pourrait se faire sentir pour des travaux plus intenses.

(1) Si les gauchers étaient des invertis complets c'est-à-dire s'ils avaient le cœur placé à droite, c'est le travail de la main droite qui leur serait nuisible. Mais, l'inversion des viscères est extrêmement rare.

L'éducateur, tout en respectant les tendances naturelles, instituera des exercices chez les droitiers aussi, surtout chez les droitiers prononcés, pour corriger la déviation dans ce qu'elle a d'excessif, et pour permettre à l'enfant de faire usage de ses deux mains.

Comment ne pas préconiser l'éducation *bimanuelle* (terme que nous préférons à celui *d'ambidextre*), lorsque nous apercevons ses excellents effets dans les expériences où le travail a été exécuté simultanément avec les deux mains ? Or ce n'est pas un mince résultat lorsqu'on le compare aux chiffres fournis par Orchanski qui affirme qu'à l'heure actuelle, déjà 25 0/0 des métiers exigent un développement simultané des deux mains. Cette nécessité de se servir des deux mains apparaît avec grande netteté dans le métier de soldat, ajouterons-nous ; il est permis de dire qu'une éducation ambidextre, si elle avait été entreprise dès l'enfance, aurait eu certes les résultats les plus inattendus à cet égard.

Notre théorie de la droiterie dépasse les limites physiologiques pures, aussi lui avons-nous donné le nom de théorie *psycho-physiologique*. Il est, en effet, très probable, que la main droite a développé une force plus considérable pour les raisons énumérées. C'est donc une supériorité acquise dans le développement phylogénique. Cette suprématie en a entraîné d'autres. Le travail de la main droite a retenti sur l'hémisphère gauche et a produit sa suprématie et cela non seulement au point de vue psycho-moteur, mais aussi au point de vue de la sensibilité, de l'adresse, de l'intelligence, en raison des connexions existant entre les différents centres. La différence entre les deux hémisphères, physiologique tout d'abord, est devenue psychologique dans le cours des temps.

Il est prouvé de fait que l'asymètre porte non seulement sur les centres de projections: elle a trait aux centres du langage, à la connaissance (dont la perte produit l'*agnosie* ou impossibilité de reconnaître les objets et les signes) et à l'activité directrice (dont la perte constitue l'*apraxie* ou l'impossibilité d'exécuter des mouvements appropriés à des buts déterminés). Nous pénétrons donc dans le domaine des centres d'association. Or la localisation de ces centres se fait *à gauche* chez les droitiers.

Nous croyons qu'elle a suivi le déterminisme de la loi du moindre effort, grâce à laquelle la main gauche a été vouée à l'inaction et la main droite a acquis un développement exagéré. Cette localisation unilatérale d'une grande partie des centres de projection et des centres d'association nous paraît acquise et elle n'est certes pas exempte de danger pour l'intégrité du fonctionnement cérébral. Elle a dépassé de beaucoup sa destination fonctionnelle.

3. — ÉDUCATION AMBIDEXTRE

La conclusion pratique du chapitre précédent est la suivante : *l'éducation ambidextre a pour but de corriger l'excès de suprématie d'une main, suprématie qui a dépassé de beaucoup l'asymétrie originelle, par suite de l'exercice presque exclusif du côté du corps le mieux doué et en vertu de la loi de la moindre résistance.*

Cette nécessité étant admise, il convient d'en fixer le degré. Or, la loi du moindre effort a agi tant et si bien, que l'instruction, le travail de toutes les œuvres de la civilisation, ne sont basés que sur l'activité d'une seule main et d'un seul hémisphère. L'augmentation croissante de l'asymétrie est prouvée au moyen du dynamomètre (page 123).

Nous avons réfuté ailleurs les objections de Félix Regnault (1) qui attribue une supériorité à l'asymétrie parce qu'elle est presque nulle chez les animaux, peu développée chez le sauvage et fortement accentuée chez l'homme civilisé, moins forte chez la femme que chez l'homme, chez l'enfant que chez l'adulte. Ce serait à croire que notre civilisation ne nous a apporté que progrès. Il y a, hélas ! l'envers des choses. Rien ne peut mieux illustrer cet état que le tableau de la myopie qui

(1) F. REGNAULT, *Pourquoi on est droitier ?* Revue scientifique, 13 juin 1914.

montre que cette affection, presque nulle chez le paysan et l'homme inculte, progresse étrangement avec le degré d'instruction, au point de devenir la plus accentuée chez les universitaires. Personne n'ira pourtant considérer la myopie comme un signe de supériorité. Elle est une conséquence fâcheuse — mais évitable — d'un certain état de choses. Il en est de même pour l'asymétrie. Qu'un fond pathologique paraisse parfois nécessaire à l'éclosion du génie, nous ne voulons pas en disconvenir, et une forte dose d'asymétrie est peut-être favorable à cet égard. Mais on n'a jamais vu la pédagogie pousser à des malformations pour atteindre un but aussi obscur qu'incertain. On ne peut admettre la neutralisation de l'organe le plus faible.

Nous préconisons les exercices d'ambidextrie aussi bien comme un exercice salutaire des centres psychiques, qu'au point de vue de leur utilité pratique. Nous avons en vue non seulement les exercices de gymnastique, mais aussi les jeux, les travaux manuels, le dessin et l'écriture.

En Angleterre, c'est John Jackson, fondateur de la *Société pour l'éducation ambidextre de Londres*, qui est devenu le propagateur de l'éducation bimanuelle. Les résultats furent excellents. En Allemagne, nous trouvons le nom de Pabst (Leipzig) ; en Belgique, Sluys et Tensi, Mme Michiels, nous-même et notre élève, Mlle V. Kipiani. Aux Etats-Unis la culture ambidextre est courante dans les écoles.

La nécessité de pousser cette éducation ambidextre jusqu'à l'apprentissage de l'écriture par la main gauche, est prouvée par les observations cliniques de Fraenkel. Ce médecin a rapporté des cas de malades paralysés de la main droite qui présentaient en même temps de l'aphasie. En leur apprenant à écrire de la main gauche, on ne tarda pas à développer le centre droit du langage. Le paralytique regagna donc l'usage de la parole. Cette observation montre la liaison stricte qui unit la parole à l'écriture et l'énorme importance prise par l'écriture dans le développement des fonctions cérébrales. Le gain d'énergie

obtenu par l'éducation bimanuelle est évalué à 50 0/0 par Fraenkel. Les élèves, les
manœuvres, les artisans, les soldats, sont vi-
siblement avantagés. Lors d'une paralysie,
la parole reste assurée. La crampe des écrivains n'existerait plus, vu que la main ne
serait pas surmenée par un excès de travail.

Ces constatations fournissent la preuve de
la nécessité pour la main gauche de s'exercer
à l'écriture et au dessin. L'usage de la parole est parmi les fonctions les plus intellectuelles de l'homme et le dessin touche aussi à
l'une des fonctions les plus élevées (l'art).

La main, qui est l'organe du cerveau, son
moyen principal de réalisation, doit se développer bilatéralement ; c'est ainsi qu'il deviendra possible de tirer de l'abîme de l'in-
conscient les trésors de l'intelligence, en-
fouis dans l'hémisphère inactif et voués à
une mort certaine, faute d'exploitation.
D'après Orchanski, le développement harmo-
nieux des deux moitiés du corps est susceptible d'exercer une influence très considérable sur le développement général et, chez

les enfants arriérés présentant des troubles
de la parole, il peut favoriser l'acquisition du
langage. Certaines constatations paraissent
en désaccord avec cette opinion. Ainsi, Ballard a constaté la fréquence du bégaiement
chez les enfants anormaux gauchers qui apprenaient à écrire avec la main droite. Mais
n'oublions pas que l'hémisphère gauche chez
le gaucher ne possède ni le centre de Broca,
ni le centre de Wernicke, lesquels sont situés dans l'hémisphère droit. Il est clair que
si l'écriture se fera d'une main, ce sera de la
main supérieure, qui est la gauche chez le
gaucher. Par une inconséquence tout à fait
inadmissible, on désire transformer les gauchers en droitiers et on n'exerce qu'un seul
côté (le côté droit), dont l'action sur les
centres qu'on désire développer est nulle au
début des exercices.

Dans ces conditions, des troubles peuvent
surgir, dus à une lutte pour la suprématie
entre les deux hémisphères, d'après l'opinion
de Stier.

4. — ALIMENTATION ET TRAVAIL

Au cours de nos études sur les différentes conditions du travail (1), nous avons examiné, en collaboration avec Mlle V. Kipiani (2), 43 végétariens de Bruxelles, tous bien portants, ayant adopté ce régime d'exception non pour des raisons thérapeutiques, mais hygiéniques ou morales. Tous sont des abstinents complets et ne font qu'un très restreint usage de café, de thé, de chocolat. Ces personnes appartenaient à la classe des travailleurs intellectuels. Nous avons examiné leur force dynamométrique, leur résistance à la fatigue mesurée à l'ergographe, leur capacité vitale au moyen du spiromètre et la rapidité de leurs réactions nerveuses étudiée au moyen du chronomètre de d'Arsonval.

(1) J. Ioteyko, *Les lois de l'ergographie*, Bul. de l'Acad. Roy. de Belgique, classe des Sciences, 1904, extrait de 174 pages.

(2) J. Ioteyko et V. Kipiani, *Enquête scientifique sur les végétariens de Bruxelles*. Broch. de 77 pages, Bruxelles, 1907.

La comparaison du travail mécanique accompli par les végétariens avec celui fourni par les omnivores est très significative. Nous voyons l'énorme gain réalisé par les végétariens. Pourtant les hommes omnivores, qui ont servi de terme de comparaison, étaient des étudiants de l'Université doués d'une force considérable, tandis que nos végétariens n'étaient nullement d'une apparence herculéenne. En moyenne, on peut évaluer à 50 o/o l'accroissement du travail mécanique dû au régime végétarien, lorsqu'on ne considère qu'un seul ergogramme, fourni jusqu'à l'extrême fatigue.

La *forme* de la courbe fournit des constatations non moins intéressantes. Cet accroissement du travail mécanique des végétariens ne se fait pas aux dépens de la hauteur des contractions isolées; au contraire, les contractions chez eux sont un peu moins hautes que chez les omnivores. En revanche, c'est leur *nombre* qui est considérablement accru. Ce nombre est souvent doublé, parfois triplé chez les végétariens, comparativement aux omnivores. *Les végétariens peuvent donc travailler deux à trois fois plus longtemps que les omnivores avant d'arriver à l'épuisement.* L'effort est plus régulièrement réparti chez les végétariens ; leur courbe se tient assez longtemps à un niveau élevé et ne descend que très lentement. La courbe des non-végétariens est plus élevée au début, mais la descente se fait rapidement. On a l'impression que chez ces derniers le début du travail se fait avec gaspillage de force et que l'effort ne peut être soutenu très longtemps.

Au point de vue de la productivité du travail, il paraît beaucoup plus avantageux de fournir un travail de longue durée et un peu moins puissant, que de développer une puissance plus grande, mais de courte durée.

Un troisième point montre la supériorité incontestable des végétariens. La réparation de la fatigue se fait chez eux beaucoup plus vite que chez les omnivores : *deux minutes de repos entre les courbes suffisent aux végétariens pour reconquérir la totalité de leurs forces.*

Dans les conditions de régime ordinaire, il faut au moins dix minutes.

En ce qui concerne l'évaluation de la force au dynamomètre, les moyennes fournies par les végétariens sont presque identiquement les mêmes que celles qu'on obtient chez les omnivores. Aucune diminution de puissance ne se laisse constater ici. Comme terme de comparaison, aussi bien pour le dynamomètre que pour l'ergographe, nous prenons les expériences déjà relatées (1).

La *capacité* vitale a été mesurée au spiromètre de Verdin. Les végétariens présentent une capacité vitale supérieure aux non-végétariens (quantité d'air expirée après une inspiration forcée).

Le temps de la réaction nerveuse (aux excitations acoustiques) chez les végétariens n'est pas plus long que chez les non-végétariens. Ceci a une grande importance au point de vue des accidents du travail (voir p. 54). Il est donc permis d'affirmer qu'un ouvrier

(1) Voir expériences de Schouteden et les miennes.

végétarien ne sera pas plus exposé aux accidents du travail qu'un ouvrier omnivore. Mais, comme les végétariens se fatiguent moins que les non-végétariens, ils sont, en réalité, moins exposés aux accidents du travail.

Telles se présentent les principales conclusions qui découlent de ce travail impartial, dont le but unique était de recueillir des données scientifiques sur l'aptitude au travail dans les diverses conditions expérimentales. Elles sont entièrement en faveur du régime végétarien. Les progrès de la chimie alimentaire et de la physiologie ont montré surabondamment que le régime exclusivement végétal est compatible avec l'intégrité de la santé et la force. Elles ont dévoilé par contre les méfaits du régime carnivore, producteur d'auto-toxines. Elles sont la source de maladies diverses (appartenant au cycle de l'arthritisme) et elles exercent une action paralysante sur les muscles. D'autre part, nous savons que seul le régime d'entretien exige des albuminoïdes et que le régime d'activité des muscles ne demande qu'un surcroît d'hydrates de carbone. Ces dernières se trouvent plus abondamment réparties dans le règne végétal que dans le règne animal. Bouchard a dit avec raison : nous ne voulons pas qu'on fasse du travail musculaire avec de la viande.

Rien ne démontre non plus la nécessité ni même l'utilité de la viande pour le travail intellectuel. Seul le régime de transition est pénible dans certains cas; uniquement des préjugés très tenaces s'opposent à la généralisation de ce régime.

Nous pouvons conclure : *dans les épreuves de résistance, les végétariens sont supérieurs aux non-végétariens ; dans les épreuves de force et dans les épreuves de vitesse ils leur sont égaux.*

Ces constatations présentent une portée *économique* et *sociale.* Les hygiénistes et les sociologues ne devraient pas détourner l'ouvrier du régime végétarien, qui est le plus économique et en même temps le plus producteur au point de vue du travail, de même qu'il peut être considéré comme un des

meilleurs moyens de lutte contre l'alcoolisme (1). Malheureusement, l'idée généralement répandue aujourd'hui encore, c'est
que la viande est seule fortifiante.

Nous eûmes un jour l'honneur de voir
notre étude sur les végétariens couronnée par
l'Académie de médecine. Aujourd'hui, alors
que les nécessités de la guerre ont rendu
indispensable la diminution de la consommation de la viande, nous avons vu à la
même docte assemblée le D' Maurel prendre
la parole en janvier 1917 et établir que la
France a besoin, par an, de 900 millions à un
milliard de kilogrammes d'azotés pour son
alimentation, à raison d'une consommation
quotidienne de 75 à 90 grammes d'albumine
par habitant adulte. Or, dit le D' Maurel, cette
quantité lui est largement assurée par les
végétaux de notre sol, notamment les céréales,

____

(1) Les végétariens sont des abstinents tout naturellement, car ils n'ont pas soif. Les aliments végétaux con-
tiennent la quantité d'eau nécessaire et, d'autre part, ils
n'éveillent pas la soif artificiellement comme c'est le cas
pour la viande, en général fortement épicée.

les légumes secs, les pommes de terre, etc. De plus, le lait vient y ajouter environ 240 millions de kilogrammes d'azotés. Quant aux viandes consommées, même dans les villes qui en dépensent le plus, elles ne fournissent guère que 25 à 30 grammes d'azotés par adulte, soit le tiers de la quantité nécessaire. En outre, les azotés de la viande fraîche ou frigorifiée sont trois à quatre fois plus chers que ceux provenant des végétaux et constituent, quand on dépasse une certaine limite, un aliment moins sain que ces dernières. Pour ces diverses raisons, *il n'y a pas lieu de s'effrayer*, conclut le Dʳ Maurel, *si notre approvisionnement en viande laisse un peu à désirer, puisque nos végétaux peuvent nous fournir, à meilleur marché et sous une forme alimentaire parfois plus saine, la totalité des azotés dont nous avons besoin.*

Et lorsque la France a décidé, à la fin de la troisième année de guerre, de supprimer la viande deux jours par semaine, elle a, de ce fait, répondu à une nécessité économique, en même temps qu'à un besoin d'hygiène (1).

5. — L'USAGE DE LA MAIN GAUCHE CHEZ LES MUTILÉS

(Quelques règles scientifiques de rééducation)

Le problème de la rééducation des mutilés de la guerre (2) remet à l'ordre du jour certaines questions d'anthropologie et de physiologie neuro-musculaires, qui reçoivent une application d'un genre nouveau en rapport avec une catégorie nouvelle et intéressante de sujets, et surgit soudain la nécessité d'appuyer cette rééducation sur les bases solides de la science, afin de rendre aux mutilés sinon l'usage normal des membres brisés, au moins

(1) Voir : J. IOTEYKO et V. KIPIANI, *Le Végétarisme et son influence sur la santé publique, le Commerce, l'Industrie et l'Economie de la nature*, Rapports au Congrès international d'alimentation, Gand, 1908. Broch. de 68 p.

(2) J. IOTEYKO, *L'usage de la main gauche chez les mutilés. Quelques règles scientifiques de rééducation.* Revue scientifique, n° 16, 2° sem. 1916.

le simulacre de cet usage, et surtout de permettre la suppléance d'un membre par un
autre et l'apprentissage d'un nouveau métier. Cette idée d'une rééducation n'est pas
entièrement nouvelle ; on connaissait depuis
longtemps les accidentés et les estropiés
industriels, soignés puis éduqués dans des
Écoles *ad hoc* et ceci dans le but de remettre
dans la circulation sociale et soustraire à la
mendicité les millions d'individus, victimes
de notre ordre économique et de ses dangers,
qui chaque année payent le tribut d'une
industrialisation poussée à outrance.

Mais ce qui est tellement exceptionnel
même dans les pays les plus laborieux, est
devenu un fait général pendant la guerre :
ceux qui échappent à la mort reviennent
mutilés, éclopés, sourds, paralysés... Et l'on
comprend tous les efforts tentés dans le but
de refaire ces corps disloqués, imparfaits,
amputés, de les rendre capables de reprendre
une place parmi les actifs de ce monde,
parmi les travailleurs dignes de gagner leur
pain quotidien. C'est par millions que se

chiffrent les mutilés de la guerre, si l'on prend en considération tous les belligé-rants.

Combien nombreux sont les amputés d'un bras! La perte d'un des membres supérieurs expose le malade à des troubles très inégaux, suivant qu'il s'agit du bras droit ou du bras gauche. Comme la majorité des individus est constituée par les droitiers, c'est la perte du bras droit qui est de beaucoup la plus grave et la rééducation des mutilés de guerre se confond avec l'éducation du bras gauche, demeuré pour ainsi dire inactif jusqu'à ce jour. Et c'est de cette éducation de la gauche que nous allons nous occuper dans cet article, dans l'espoir que ces pages seront de quelque utilité pour ceux qui ont à charge la lourde et grave responsabilité de refaire, de réparer les mutilés de guerre, de ceux-là précisément qui, devant vivre de leur travail manuel, se voient soudainement privés de l'organe producteur du travail, leur seul et unique bien, — d'un des bras si ce n'est de deux bras à la fois !

Le Dr Fraenkel, déjà cité, a rapporté des cas de malades paralysés de la main droite et qui présentaient en même temps de l'aphasie. En leur apprenant l'écriture de la main gauche on ne tarda pas à développer le centre droit du langage. Le paralytique regagna donc l'usage de la parole. Une seule expérience de ce genre présente un intérêt plus grand que toute une argumentation vaine. Elle démontre la liaison directe qui unit la parole à l'écriture et l'énorme importance prise par l'écriture dans les fonctions cérébrales. Ces faits s'expliquent à la lumière de la théorie de l'aphasie, formulée par Broca et qui a conduit à la découverte des centres du langage articulé ; or, le centre de la parole se trouve dans le voisinage du centre de l'écriture. L'exercice imposé à la main gauche ne peut donc se limiter aux mouvements gymnastiques seuls, mais, comme l'usage de la parole est parmi les fonctions les plus intellectuelles de l'homme, il doit comprendre aussi l'écriture et le dessin, car ce dernier, bien qu'étant d'exécution manuelle, touche néanmoins à l'une des fonctions le plus élevées (esthétique et art).

De ces données, nous tirons la conclusion pratique suivante : *il est indispensable, dans le traitement des aphasiques de la guerre, de leur faire apprendre à écrire et à dessiner de la main gauche, afin de développer un nouveau centre du langage qui serait situé dans l'hémisphère cérébral droit.*

On a vanté bien des fois d'autres avantages de l'ambidextrie : suppression de la crampe des écrivains qui s'établit chez les personnes adonnées aux travaux de bureau, et meilleure utilisation de la force dans les divers métiers manuels, et, en dernier lieu, l'avantage immense présenté pour ceux qui, en cas de paralysie ou d'amputation, seraient en mesure de se servir du bras resté intact. Certes, un apprentissage tardif ne pourra jamais entrer en parallèle avec l'exercice acquis dans le jeune âge. Si les pratiques de l'ambidextrie avaient été d'un usage courant, les mutilés de la guerre seraient bien plus aptes à recevoir une éducation professionnelle du bras gauche, préalablement entraîné par les jeux, la gymnastique, le dessin, l'écriture, les travaux manuels et même par certains arts et métiers.

L'éducation de la main gauche chez les mutilés de la guerre se montre donc une nécessité inéluctable et nous ne pouvons que nous réjouir de voir les essais antérieurs d'ambidextrie tellement favorables à une culture de ce genre. Ajoutons que le gaucher muti\é devra développer pareillement le bras droit.

Reste à savoir dans quelles conditions devra se faire une éducation pareille. C'est ce que nous allons examiner.

Tout d'abord une remarque s'impose. Nous ne pouvons parler ici d'éducation « ambidextre » ou « bimanuelle », comme c'est le cas ordinaire. Les sujets d'expériences sont des amputés d'un bras et il s'agit de donner au bras restant seul la force et l'adresse nécessaires à l'acquisition d'un métier.

Cette culture du bras gauche devra s'inspirer de plusieurs principes. Il est hautement

avantageux pour l'individu de lui faire con-
server son ancien métier, c'est-à-dire *d'apprendre à la main gauche à exécuter les mêmes
mouvements que ceux qui s'accomplissaient
avec la main droite.* Ce principe est de fait en
pleine vigueur dans les essais de rééducation des mutilés, car il a été reconnu pratiquement que l'expérience acquise avec une
main profite à l'autre.

Comment expliquer cette action si remarquable ? Le fait a été démontré expérimentalement, notamment dans certaines de nos
recherches (1), qui ont montré que le travail
accompli avec un bras retentit sur celui du
côté opposé, soit en augmentant son excitabilité, soit en la diminuant, suivant les
cas. Cette expérience prouve que l'état dans
lequel se trouvent les centres psycho-moteurs d'un côté ne reste pas stationnaire,
mais qu'il se propage aux centres similaires
du côté opposé.

(1) J. Ioteyko, *L'effort nerveux et la fatigue.* Archives
de Biologie XVI, 1899.

D'autres observations démontrent qu'il en est de même des mouvements appris. Si l'on demande à une personne à écrire avec la main gauche, on remarquera qu'après quelques essais difformes, elle parviendra sans grand' peine à tracer les lettres convenablement. Et, chose curieuse, l'écriture de la main gauche sera marquée au coin de toutes les particularités de l'écriture faite avec la droite, elle reflétera le cachet personnel caractéristique qui fait que nous reconnaissons chaque personne à son écriture (1). Ces constatations qu'il nous a été donné de vérifier d'après les essais faits par M⁽⁾ V. Kipiani (2), élève de notre laboratoire, montrent plusieurs faits d'une valeur réelle : premièrement, que l'exercice acquis avec l'hémisphère gauche (celui qui commande les mouvements de la main droite) s'est transmis à l'hémisphère droit, et, en second

(1) Ceci est surtout apparent lorsqu'on écrit en miroir.

(2) Voir : V. Kipiani, *Ambidextrie*, 103 pages, chez F. Alcan, 1912.

lieu, que cette transmission n'est pas une augmentation d'excitabilité pure et simple, mais qu'elle se rattache bel et bien aux mouvements compliqués nécessités dans l'acte de l'écriture, enfin, que l'identité du graphisme tient certainement à une cause d'origine centrale, cérébrale.

D'après le Dr Meige, l'éducation graphique du membre droit se reflète en *miroir* sur le membre supérieur gauche, et, d'une façon générale, l'éducation des centres moteurs d'un membre a son retentissement en miroir sur les centres moteurs symétriques du membre opposé. L'effet de cette éducation, pour être souvent latent, n'en est pas moins réel et se traduit à l'occasion par la facilité avec laquelle le membre non éduqué reproduit en miroir les mouvements du membre éduqué.

Déjà ces règles ont été appliquées au traitement des tics et des crampes (Meige); elles vont nous aider à établir les bases de la rééducation des mutilés.

Consécutivement à la symétrie opposée des

deux moitiés du corps, l'écriture en miroir est considérée comme l'écriture normale, physiologique de la main gauche. On a appelé « mouvements en miroir » ceux qu'exécute la main gauche dans le sens inverse de ceux qu'accomplit la droite. Ce sont ces mouvements-là qui lui sont les plus naturels, les plus aisés, les plus faciles à exécuter. Du moment que la main droite a adopté un système de travail qui lui paraît le plus favorable, la main gauche devra exécuter les mêmes gestes en conservant une symétrie opposée. Il paraît certain qu'un grand nombre d'insuccès dans l'éducation de la main gauche tiennent à ce qu'on a exigé d'elle des mouvements superposables à ceux de la main droite et qui sont généralement contraires à ses aptitudes. Certes, on ne peut nier que même les mouvements identiques imposés à la gauche ne produisent des effets favorables dans son éducation, mais la vraie méthode consiste à éduquer la gauche « en miroir ».

De ces considérations, nous déduisons la

règle suivante: *l'apprentissage d'un métier avec la main gauche se fera suivant les lois de la symétrie opposée,* c'est-à-dire que la gauche ne va pas copier simplement la droite, mais qu'elle exécutera tous les mouvements en sens inverse. Ce sera la règle générale, aussi bien dans le cas d'apprentissage d'un nouveau métier que lors de l'éducation de la gauche pour le métier qui avait été exercé auparavant par la droite.

Et en reprenant l'exemple cité plus haut des aphasiques, nous dirons qu'il y aura avantage à les exercer à l'écriture de la gauche « en miroir » (de même qu'au dessin « en miroir »), ceci ayant pour but de rétablir le plus promptement possible le centre de l'écriture du côté opposé et d'agir par son intermédiaire sur les autres centres du langage à droite (centres moteurs et sensoriels).

Une dernière question occupera notre attention. L'éducation de la main gauche peut-elle se faire sans réserves aucunes et indifféremment à l'égard de tous les métiers? Les restrictions que nous allons faire sont basées sur les résultats de nos expériences.

En voici les résultats généraux : *le travail intense de la main gauche produit sur le cœur un effet plus considérable que le même travail fait de la main droite* ; la différence est égale environ à un tiers (4,87 accélérations par minute pour le travail de la droite et 7,5 accélérations pour le travail de la gauche). En faisant travailler les deux mains simultanément et en fournissant par conséquent un travail double, l'accélération cardiaque n'est pas la somme de celle que l'on observe lorsque chaque main travaille isolément (4,87 et 7,5 = 12,37), mais elle est moindre d'un quart (elle est de 8,97 accélérations). Il est donc plus avantageux pour le cœur que le travail musculaire puisse s'accomplir simultanément des deux mains que s'il s'accomplit avec chaque main isolément. Ce résultat plaide donc énergiquement en faveur du travail ambidextre, mais il montre les effets nuisibles sur le cœur des travaux intenses accomplis avec une seule main, la gauche.

Quant aux conclusions à tirer de ces expériences au point de vue de la rééducation des mutilés de la guerre, nous dirons que *l'usage de la gauche seule (en cas de perte du bras droit) ne peut s'étendre à tous les métiers*, vu l'action nuisible d'un travail intense de la main gauche sur le cœur. Il est vrai qu'un groupe de nos sujets n'a pas montré de différence entre le travail fait à droite et le travail fait à gauche; mais outre que les autres catégories ont fait voir une différence énorme au détriment de la gauche, le premier groupe aurait sans aucun doute accusé une différence de même ordre pour des travaux plus intenses; et, bien que l'expérience n'a pas été faite, le raisonnement permet de conclure affirmativement.

Il nous est impossible de spécifier les métiers qui sont impropres à être exécutés avec la gauche travaillant seule; c'est aux médecins spécialistes et aux éducateurs de décider le cas échéant, et ils auront soin d'examiner le cœur des malades au point de vue des maladies et des névroses, le seul critère dans l'espèce. Dans certains cas il sera préférable de faire changer au malade le métier que de lui faire accomplir avec la main gauche un travail par trop dur. Par contre, tous les travaux n'exigeant pas une très grande dépense de force pourront être accomplis par les mutilés n'ayant conservé que l'usage de leur main gauche.

6. — L'ÉCRITURE DE LA MAIN GAUCHE CHEZ LES MUTILÉS

Apprendre à écrire avec la gauche aux mutilés de la main droite constitue à l'heure actuelle un problème dont l'importance est notoire. Il ne s'agit pas seulement de donner à la gauche quelques notions d'écriture répondant aux besoins de la vie courante : un petit nombre d'essais pourraient alors suffire. La question est plus complexe. Il est nécessaire de donner à la main gauche exactement la même dextérité que celle que possédait la main droite, permettant au mutilé d'exercer des professions diverses, notamment celle d'instituteur ou d'employé de bureau, devant écrire dans de grands registres et cela avec une rapidité suffisante. Un apprentissage est donc nécessaire et il exige des leçons avec le concours d'un professeur compétent et une méthode d'enseignement très pratique. Par méthode pratique nous comprenons celle qui puisse répondre aux *desiderata* énumérés et laquelle, loin de s'inspirer de considérations théoriques touchant la réforme de l'écriture, s'efforce d'aller directement au but poursuivi : il est donc nécessaire d'apprendre à la main gauche à écrire exactement de la même façon qu'à la main droite afin que la suppléance puisse s'affirmer complète. Des exercices préliminaires d'écriture « en miroir » pourraient rendre néanmoins des services incontestables.

Les nécessités créées par la guerre ont fait surgir des procédés d'écriture destinés à l'usage de la main gauche.

Nous recommandons tout particulièrement les deux procédés — identiques dans leurs grandes lignes —, préconisés par deux professeurs compétents en la matière et qui ont un avis personnel à faire valoir ; ayant été privés de l'usage de la main droite bien avant le début de la guerre, ils ont dû vaincre eux-mêmes toutes les difficultés inhérentes à l'écriture avec la senestre pour pouvoir exercer leur profession (d'employé de bureau dans le premier cas, d'instituteur dans le second).

D'après M. Mourville (1), les insuccès dans l'apprentissage sont dus à la position défectueuse : le cahier était tenu droit, très à gauche du corps, le bras restait collé le long du buste, le poignet renversé. L'écriture était droite, saccadée, obtenue avec difficulté par suite de la contraction des muscles du bras, du poignet et de la crispation de ceux des doigts. La fatigue qui en résulte était décourageante. L'auteur trouve qu'il est aussi facile d'écrire de la gauche que de la droite et

(1) MEURVILLE, *Comment écrire de la main gauche*. n⁰ˢ 4, 5 et 6, 1916, *Journal des Mutilés*.

d'effectuer ainsi tous les travaux d'écriture accomplis jusqu'ici par la droite. Pour l'écriture de la main gauche, les mêmes conseils peuvent être donnés que pour la droite. Même liberté d'action. Seule la position du cahier se trouve complètement modifiée. Pour obtenir de la main gauche une écriture anglaise complète, ne différant nullement de la main droite, les conseils suivants sont à suivre :

Le cahier doit être placé devant l'élève, pas tout à fait au milieu du buste, un peu sur la gauche et incliné vers la droite. Le buste doit être droit et appuyé légèrement sur le bras droit dont l'avant-bras reposera sur la table, la main posée sur le cahier. Le côté droit du corps sera rapproché de la table d'environ 5 à 6 centimètres, le côté gauche en sera éloigné de 10 à 12 centimètres. Le bras gauche sera écarté du buste (20 à 25 centimètres). L'avant-bras devra avoir la même inclinaison que le cahier et le coude fera fonction de pivot qui se rapprochera du buste au fur et à mesure que l'élève écrira. Ce mouvement permettra à la main gauche d'écrire sur un espace de 6 à 7 centimètres. La plume sera choisie assez douce et elle devra être tenue sans raideur.

L'écriture la plus pratique et la plus rapide est l'écriture anglaise expédiée. On s'efforcera de former chaque mot sans lever la plume de la main ; seul le mouvement des doigts interviendra dans la formation des lettres, le rôle de la main et de l'avant-bras étant de transporter les doigts d'un bout à l'autre de chaque ligne, en commençant par la gauche. Le mouvement du poignet n'interviendra que lorsque nous aurons à tracer les grandes boucles des lettres majuscules.

Pour obtenir la pente de l'écriture anglaise, il conviendra d'exercer ses doigts à se diriger vers la droite, mouvement qui est obtenu assez facilement au bout de quelques jours. Les cahiers ou modèles d'écriture en usage dans les écoles pour les droitiers peuvent être utilisés par les gauchers qui débutent.

Avec la main gauche on pourra égale-

ment écrire droit. On pourra aussi écrire la
ronde et l'écriture bâtarde (dont la pente
tient le milieu entre celle de l'écriture anglaise et de l'écriture droite).

D'après M. Albert Charleux (1), les exercices d'écriture de la main gauche devront
être suivis de près. Les premiers essais ne
sont guère persuasifs et on doute même du
succès. Un autre écueil à éviter est celui qui
consiste à vouloir aller trop vite.

Les premiers essais devront être faits avec
la craie sur le tableau noir (ou sur papier
noir que l'on fixera au mur). On donne
d'abord au bras toute son amplitude, puis
petit à petit on restreint le dessin jusqu'à ce
qu'il ne comporte plus qu'un mouvement de
poignet. Ces exercices (petits dessins dont le
modèle se trouve dans le texte) seront exécutés debout, sans bouger les pieds, sans in-
cliner le corps. La main, le bras et le poignet ayant obtenu un premier dressage par

(1) ALBERT CHARLEUX, *Pour écrire de la main gauche*,
Paris (sans date), 24 p., Colin.

ce procédé, l'apprenti achèvera son éducation en s'appliquant au dessin de l'écriture (sur le tableau). La grosseur de l'écriture variera de 15 mm. à 2 centimètres. Ce n'est qu'après ces phases que commencera l'écriture sur le cahier.

Sous la main droite le cahier est légèrement incliné vers la gauche ; sous la main gauche il sera légèrement incliné vers la droite. Pour l'un ou l'autre bras, le coude est un pivot autour duquel l'avant-bras se meut dans le même sens : de gauche à droite. L'avant-bras gauche, celui qui nous intéresse en ce moment, décrit une ligne qui tend vers le corps en descendant vers la droite. Le porte-plume doit être tenu mollement. Il est nécessaire de lever la plume le moins souvent possible. Le papier sera maintenu au moyen d'un presse-papier. Quand les mutilés sauront écrire la cursive, ils pourront apprendre à écrire la ronde.

Cette concordance des deux procédés, qui en réalité n'en font qu'un seul, plaide en leur faveur. L'unique différence, c'est la

présence d'exercices préliminaires dans le
procédé de M. Charleux, lesquels seraient
inutiles d'après ce que nous a dit M. Mourville. Quoi qu'il en soit, les enfants qui présentent une certaine difficulté dans l'apprentissage de l'écriture, se trouvent bien en
traçant au préalable des mots au tableau
noir. Il est permis de répliquer que l'adulte
ne se trouve pas exactement dans le même
cas, ayant déjà pratiqué l'écriture avec la
main droite et nous savons que l'éducation
acquise par un centre psycho-moteur se
transmet à celui du côté opposé. L'adulte
aurait donc moins de difficultés à vaincre
que l'enfant, si ce n'était qu'avec l'âge
l'habileté manuelle diminue d'une façon générale. Nous croyons donc que les exercices
préliminaires ne sont pas dépourvus de
toute utilité, bien que n'étant pas indispensables : ils peuvent contribuer à graduer les
difficultés, à abréger par conséquent le temps
d'apprentissage, à rendre évidents les progrès successifs accomplis par l'élève.

Au moment de la mise sous presse de ce

travail, a paru une autre étude sur l'écriture ;
elle est due à M. F. Garcin (1). Pour obtenir
l'écriture anglaise et l'écriture bâtarde (écriture penchée) avec la main gauche, le cahier
doit être placé en face de la poitrine, droit,
de manière que l'axe du bras gauche soit
toujours dans le prolongement de la ligne de
pente. Pour obtenir l'écriture droite et l'écriture ronde (écriture droite) avec la main
gauche, le cahier doit être placé en face de
la poitrine, penché à droite, de manière que
l'axe du bras gauche soit toujours perpendiculaire à la ligne d'écriture, et par conséquent dans le prolongement de la ligne
de pente. En résumé, quand on écrit de la
main gauche, il faut, dit M. Garcin, que la
ligne de pente soit toujours dans la direction
de l'axe du bras gauche. En ce qui concerne
l'écriture avec la main droite, la ligne de
pente sera toujours perpendiculaire à la poitrine. Rappelons que la ligne d'écriture est

(1) F. Garcin, *Comment écrire des deux mains*, Paris,
Nathan, 85 p.

la ligne horizontale droite sur laquelle est tracée l'écriture ; la ligne de pente est la position que prend l'axe de chaque lettre par rapport à la ligne d'écriture. La tenue du corps reste invariable. Le résultat à obtenir de la main gauche doit être exactement le même que celui donné par la main droite, mais les deux mains opèrent en exécutant des mouvements qui sont opposés. La main gauche écrivant la ronde tournera la plume de ronde (biseautée) sur le dos. La brochure contient de nombreux exercices.

Relatons ici les expériences intéressantes du médecin militaire polonais Adolphe Klesk, lequel ayant eu affaire à de nombreux mutilés de la main droite, préconise chaleureusement l'écriture de la main gauche. D'après ses observations, un homme adulte apprend à écrire avec la gauche au bout de trois à quatre semaines d'apprentissage. Cette étude est bienfaisante pour les amputés de guerre, car non seulement elle permet l'écriture mais en outre elle agit d'une façon des plus encourageantes sur le malade en lui donnant pour ainsi dire la preuve que la main gauche est complètement éduquée et apte à apprendre un métier quelconque. C'est par là qu'il faut donc commencer : apprendre à écrire avec la main gauche constitue un puissant moyen pédagogique, médical et social. Au début la gauche a de la tendance à écrire en miroir et c'est par un effort de volonté qui dure environ huit jours que l'écriture ordinaire prend le dessus. La main gauche présente aussi au début une grande fatigabilité. Très difficiles à acquérir sont les mouvements rythmiques de l'avant-bras glissant sur le papier sans détacher le bord de la paume du cahier. L'auteur recommande d'écrire les lettres en grand format sur le tableau noir lors de l'apprentissage et, lorsqu'on écrit dans un cahier, d'employer un papier mou et lisse, des plumes et des crayons mous.

Encouragé par ces résultats, le D' Klesk recommande l'écriture ambidextre aux parents qui devraient dès le jeune âge apprendre aux enfants à écrire des deux mains, ce qui, entre autres avantages résultant d'un développement plus symétrique, assurera l'usage de l'autre main en cas d'accident ou de maladie. Il atte notamment le cas des crampes dites « des écrivains », qui se rencontrent plus fréquemment chez les employés de bureau que chez les écrivains littéraires, car les premiers ont à soigner le côté esthétique de l'écriture; cette affection peut devenir tellement tenace, que le malade se voit obligé de changer de métier.

Ces observations du médecin militaire ont un tel cachet d'actualité, que nous avons jugé intéressant de les relater ici, bien qu'en réalité elles ne font que confirmer les résultats de nos anciennes expériences.

IV

LES MÉTHODES BELGES
D'ENSEIGNEMENT TECHNIQUE

1. — ÉDUCATION TECHNIQUE PROGRESSIVE
A TRAVERS LES ÉCOLES BELGES

La collaboration étroite entre la science et l'industrie s'impose dans un avenir proche et nombreuses sont déjà les tentatives entreprises en Angleterre et en France dans le but de donner à ce problème, important entre tous, la solution la plus adéquate aux nécessités angoissantes de l'après guerre. Afin de le bien étudier, il est nécessaire de le prendre à son début, là où commence l'initiation technique, c'est-à-dire à l'école primaire même, censée donner aux futurs citoyens une éducation d'ordre général et de la poursuivre à travers les écoles primaires supérieures dites du 4° degré jusqu'aux écoles professionnelles, techniques et industrielles.

Nous allons faire une excursion de ce genre à travers les écoles belges, ayant en vue principalement les écoles communales et provinciales (1).

Les travaux manuels acquièrent d'année e année plus d'importance dans les écoles de la ville de Bruxelles (2). D'ici peu de temps, dit A. Nyns, inspecteur de l'enseignement primaire, ils seront à la base de tout notre enseignement à raison de leur caractère concret, intuitif, pratique et expérimental.

Désormais l'enfant apprendra autant par la main et l'outil que par le cerveau et le livre.

Les premiers cours de travaux manuels

(1) Voir : J. Ioteyko, *Les méthodes belges d'éducation technique*. Revue générale des Sciences, 30 mai 1917.

(2) A. Nyns, *Les travaux manuels à l'École primaire*. Broch. de 24 p., Bruxelles, 1910.

furent ouverts à *l'école primaire des garçons,* n° 12, à Bruxelles, en 1870 (1). Ils comprenaient la menuiserie, le tournage du bois, le modelage et la serrurerie. Ils étaient donnés tous les jours de 4 à 5 heures. Les élèves étaient tenus de passer par tous les ateliers. L'enseignement des travaux manuels avait, à cet époque, un triple but : 1° faire l'éducation manuelle de l'enfant; 2° faire l'éducation industrielle des enfants de la classe ouvrière, les préparer, d'une façon générale, à l'exercice des diverses professions; 3° favoriser, dans les classes populaires, le goût des sciences manuelles.

En 1883, M. Sluys, directeur de l'École normale pour instituteurs de la ville de Bruxelles et M. Van Kalken, professeur à cette école, entreprirent un voyage en Suède afin d'y étudier une organisation vraiment pédagogique des travaux manuels. C'est en 1885 que s'ouvrit à Bruxelles le premier

----

(1) Les travaux à l'aiguille dans les écoles de filles sont de date beaucoup plus ancienne.

cours normal devant initier les instituteurs
au travail du bois, du cartonnage et du modelage suivant la méthode générale du Sué-
dois Otto Salomon. En 1887, dès que les
premiers instituteurs furent préparés à l'enseignement des travaux manuels, cette
branche fut inscrite au programme de
l'*École normale* et de *toutes les écoles* de la
ville de Bruxelles. Les travaux manuels, dit
le programme de la ville, sont considérés
comme des moyens de développement et de
perfectionnement physique, intellectuel et
moral des enfants. Ils ne peuvent viser à la
préparation directe des métiers spéciaux.
La méthode a pour but de développer l'habileté générale, l'agilité, la dextérité des deux
mains, la promptitude et la sûreté des mouvements, le goût et l'amour du travail, à
donner des habitudes d'ordre et de correction, à développer les facultés d'attention et
de perception, à fournir l'intuition plus complète et plus profonde des notions de formes
géométriques, de calcul et de système métrique, à rendre les élèves plus persévérants

par l'application au travail et la nécessité de ne produire que des travaux complets et corrects, à cultiver le sentiment du beau par l'harmonie des formes et des couleurs des objets confectionnés, à fournir aux élèves la connaissance des procédés techniques qui constituent la base scientifique des métiers.

La méthodologie des travaux manuels pour garçons exige l'analyse et le tracé des modèles et des outils, l'indication du procédé d'exécution et la construction des modèles-types. Les élèves sont exercés graduellement au maniement des outils.

Le programme du premier degré comprend (enfants de 7 et 8 ans) : le pliage, le découpage et l'assemblage, le tissage, le modelage.

Le programme au deuxième degré comprend (enfants de 9 et 10 ans) : le cartonnage, le modelage de solides géométriques, d'après plâtre, d'objets usuels d'après nature, de mémoire, d'invention, etc.

Le programme du degré supérieur (enfants de 11 et 12 ans) comprend le modelage et le travail du bois. Les élèves travaillent d'après des modèles ou d'après des plans. Les modèles exécutés sont dessinés au préalable en projections horizontales et verticales ou en coupe. Le côté esthétique est particulièrement bien soigné. Le cours du travail du bois se donne dans un atelier. Le programme prévoit dix heures et demie de travaux manuels par semaine pour les six années d'études primaires ; une heure et demie pour chacune des trois premières années et deux heures pour chacune des trois classes supérieures.

Bien que l'enseignement des travaux manuels à l'école primaire présente un cachet exclusivement pédagogique, il n'en reste pas moins vrai que, grâce à l'éducation de la main et de l'œil qu'il entraîne, ce travail développe les qualités d'habileté, indispensables dans l'acquisition d'un métier manuel quelconque, ce qui ne restera pas sans influencer l'instruction professionnelle ultérieure des sujets.

Nous ne parlerons pas ici des travaux manuel à l'*École moyenne*. Il suffira de mentionner leur existence dans toutes ces écoles et la présence de plusieurs ateliers bien outillés, gais, clairs et spacieux auprès des écoles moyennes nouvellement construites et jouissant d'une installation et d'un confort modernes (par exemple, l'École moyenne Léon Lepage, à Bruxelles).

Les enfants finissent l'école primaire à 12 ou 13 ans. Un petit nombre continue les études à l'École moyenne ou dans les Athénées ; la grande majorité de ces enfants provient du peuple et désire après l'école primaire se consacrer à un métier manuel. Mais ils sont trop jeunes pour entrer de suite dans les Écoles professionnelles et aussi encore trop faibles au point de vue physique.

Les *Écoles du 4e degré* (ou Écoles primaires supérieures) ont pour but de donner à ces enfants un complément d'études générales leur permettant de conquérir les notions qui pourront leur être le plus utiles dans la vie, en attendant que leur âge rende accessible pour eux l'entrée dans une Ecole professionnelle. La durée des études dans les Ecoles du 4ᵉ degré est de 2 ans. Le 4ᵉ degré primaire comprend trois types distincts (1) : 1° Le 4ᵉ degré pour filles ; 2° le 4ᵉ degré pour garçons à tendances industrielles et commerciales ; 3° le 4ᵉ degré pour garçons à tendances professionnelles.

Le 4ᵉ degré pour filles a pour but de compléter l'instruction générale des élèves et de les initier à une des professions relevant de la couture. Ce sont en somme des petites écoles professionnelles populaires où l'apprentissage se fait dans un milieu scolaire et moral. Les cours comprennent l'étude des deux langues (français et flamand), de l'arithmétique, du commerce, des sciences naturelles, de la technologie, de l'hygiène, de l'économie sociale, de l'économie domestique, de l'histoire de la civilisation en Belgique, de la géographie commerciale, de la

---

( ) A. NYNS, *Les Ecoles du 4ᵉ degré*, broch. de 14 p., 1910, Bruxelles.

musique, de la gymnastique et de la na-
tation.

Le 4ᵉ degré pour garçons à tendances industrielles et commerciales prépare les jeunes
gens aux professions administratives et commerciales; celles à tendances professionnelles les préparent aux carrières manuelles.
Occupons-nous de ces dernières. Les enfants
sont préparés non à l'apprentissage d'un
métier, mais aux procédés de travail exigés
par les divers métiers. En outre, les notions
scientifiques et théoriques fournies aux
élèves leur seront de grande utilité dans le
travail manuel. Les occupations manuelles
servent d'application aux autres branches
du programme : le dessin, le calcul, la géométrie, la physique, l'économie sociale. Les
élèves font du modelage et du cartonnage, ils
travaillent le bois et le fer. Les cours généraux ont une allure essentiellement pratique; ils sont donnés en vue de leurs applications aux métiers. Le programme de la
ville de Bruxelles dit en substance que le but
de ces écoles « est de concourir à la forma-

tion d'une classe ouvrière qui possède l'intelligence du travail qu'elle accomplit, qui domine les machines qu'elle emploie, qui lit, qui réfléchit, qui a conscience de sa dignité ». Après cette préparation générale et technique, l'élève, âgé de 15 ans environ, peut en toute liberté entrer dans une école professionnelle pour y faire l'apprentissage du métier qu'il a choisi.

Parmi les Ecoles du 4ᵉ degré, celle de *Saint-Gilles* (faubourg de Bruxelles), dite Ecole Morichar, compte parmi les plus importantes du pays. Son directeur, M. Devogel (1), lui a donné un cachet particulier et en a fait un modèle qui n'a pas encore été dépassé. Aussi trouvons-nous intéressant d'en donner une description détaillée, en nous basant sur les documents officiels et sur le souvenir de nombreuses visites personnelles.

L'école primaire supérieure, affirme M. Devogel (2), ne doit pas être une doublure de

(1) Actuellement directeur des Ecoles à Bruxelles.
(2) V. Devogel, L'*Ecole primaire supérieure technique*

l'école moyenne. Il est indispensable de « créer pour la classe ouvrière un organisme où ses fils puissent recevoir une éducation générale préparatoire à tous les métiers; établir une école où les enfants du peuple et du petit patronat, ne désirant pas adopter la carrière administrative ou devenir employés ou commis, reçussent une instruction manuelle nettement caractérisée ; fonder un établissement où, en un mot, le fils de l'ouvrier *voulant rester ouvrier*, désireux de se lancer dans ce que nous appelons la *carrière manuelle*, tout en se développant intégralement, pût se préparer à sa *fonction sociale future* ».

Le savoir le plus utile à l'ouvrier comprend les *mathématiques*, les *sciences*, le *dessin*, les *travaux manuels*. Il faut y ajouter les deux langues nationales, l'histoire, la géographie, l'économie industrielle, des notions de comptabilité, l'hygiène, la technologie.

de *Saint-Gilles-lez-Bruxelles* (dite 4e. degré), broch. de 104 p., Bruxelles, 1911.

Le dessin comprend le dessin industriel et le dessin ornemental. Les travaux manuels comprennent le travail des bois, de la terre, de la pierre, des métaux. Ils sont couronnés par le cours d'outils qui en est la synthèse. La technologie est complétée par de nombreuses visites d'ateliers, d'usines, de fabriques, faites durant l'année scolaire et pendant les voyages de fin d'année (5 jours). Les projections lumineuses sont utilisées pour un grand nombre de cours : géographie, technologie, etc. L'année scolaire se termine par l'exposition de tous les travaux de tous les élèves. Tous les cours sont obligatoires.

Examinons de près la *méthode* mise en œuvre dans l'enseignement de l'école primaire supérieure de Saint-Gilles. Elle se flatte de n'être qu'une école primaire. Ce qui la caractérise, c'est l'interpénétration des branches, la connexion constante des cours, l'union intime entre les leçons. Ainsi, les différentes branches des mathématiques sont constamment entremêlées et combinées avec le dessin industriel ; le dessin ornemental est combiné avec le modelage, la sculpture sur bois, le fer, etc. L'école s'est énergiquement refusée à pratiquer les méthodes basées sur l'abstraction estimant que celle-ci ne peut être qu'une fin, un point d'arrivée logique de toute une série de sensations antérieures, concrètes, matérielles. Une certaine formule a obtenu beaucoup de succès dans notre pays en ces derniers temps, dit M. Devogel : *l'école pour la vie*. Elle est naïve ou incomplète. Elle dit trop peu ou dit mal. C'est simplement la *Vie dans l'École* qu'il eût fallu écrire, et c'est la formule de Saint-Gilles.

« L'École doit arracher d'elle, poursuit le pédagogue belge, tout ce qui n'est pas vivant, conforme à l'évolution de l'être, à l'existence de l'homme, à la science sociale, à la science découverte par l'humanité. La Vie dans l'École. Inspirons-nous d'elle et ouvrons-lui toutes larges les portes et les fenêtres de nos classes. »

Chaque branche de l'enseignement est envisagée à ce point de vue. Les éléments du *dessin* se trouvent dans la géométrie et dans la nature : ces deux sources doivent être explorées successivement. La géométrie fait découvrir le sens de la ligne. La ligne étant connue, l'élément végétal ou animal sera dessiné tout naturellement. Toutes opérations sont basées sur le dessin d'après nature seul ; la copie est abandonnée. On fait dessiner au moyen de matières les plus diverses : plume, crayons noir et de couleur, sanguine, fusain, craie, pinceau-lavis, aquarelle, gouache, couleur à l'huile, pastel. Les modèles en plâtre sont supprimés ; on donne, quand c'est nécessaire, un modèle en nature à chaque élève (plante, coquillage, insecte). La perspective est enseignée devant le paysage (dessin d'une porte, d'un mur, de l'escalier de la cour, d'une maisonnette à la campagne). Il est permis à l'enfant de colorier ses dessins le plus souvent possible.

La branche la plus importante de l'enseignement est le *travail manuel* basé sur ses annexes : la géométrie et le dessin. L'Ecole Saint-Gilloise se donna pour but de faire acquérir à l'élève une culture manuelle aussi large que possible. Oui, faire ses humanités manuelles, dit M. Devogel. Donner au futur artisan le sens de la vie économique. Ici on pouvait tomber dans la spécialisation, or il ne s'agissait pas de professionnaliser. C'était aussi le développement esthétique qu'il fallait poursuivre. Le goût est d'une importance essentielle pour l'ouvrier. Pour arriver à ce but, il était indispensable de faire l'enfant *travailler le plus de matières premières possible avec le plus d'outils possible.* En conséquence, l'école a été établie comme un *laboratoire d'occupations manuelles.*

L'école ne désire pas se substituer à l'atelier. C'est ici que se fait l'*éveil des aptitudes.* Et, dit M. Devogel, lorsque sera votée l'instruction obligatoire jusqu'à 14 ans (1), l'école du 4° degré deviendra la suite naturelle de l'école primaire pour les enfants du peuple.

Prenons comme exemple le travail de fer.

(1) L'enseignement obligatoire en Belgique a été voté peu de temps après.

Le premier objet fabriqué est une plaque en tôle de fer pour anneau de tiroir. Chaque élève possède un modèle. Celui-ci est analysé par la classe et le professeur, au point de vue de sa nature, son objet, son utilisation, sa matière première, sa forme, ses dimensions. L'élève prend les mesures exactes, fait le croquis à main libre. On se rend ensuite à l'atelier. Le professeur donne les explications techniques nécessaires au point de vue des outils, du travail, etc. L'élève confectionne l'objet d'après le plan. Rien de plus curieux que la *leçon d'invention*. On demande aux élèves comment on pourrait éventuellement modifier le type de la plaque de tôle. Les élèves cherchent. Et les réponses arrivent (1). Comment, enfin, orner la plaque ? Et que sera cette ornementation, quels seront les outils, les machines, les moulures, les lignes à employer ? Et l'élève s'en va chez lui et cherche : c'est le *projet* ou l'*exercice d'invention*. Tous trouvent toujours. Cet exercice,

(1) DEVOGEL, *loc. cit.*

qui donne aux élèves une méthode, est proportionné à la force de l'écolier. Il cherche, il découvre, il invente avec ses moyens propres. L'imagination de l'élève est tenue en éveil, développée, excitée. A la fin de l'année, il s'agit de confectionner des *travaux d'ensemble*. Toute la classe ne forme alors qu'un atelier et les élèves discutent les grandes lignes du projet, les détails à exécuter, etc. C'est une vraie initiation à la vie sociale et les heureux résultats de cette action accompagneront le futur ouvrier dans toute sa carrière.

Nous pouvons juger de la valeur de l'enseignement de l'Ecole du 4° degré de Saint-Gilles, en parcourant les deux manuels de M. Mattot, professeur à cette école ; le premier de ces manuels est consacré au *Cours d'outils et des Métiers manuels* (1), le deuxième au *Travail des Métaux* à l'atelier scolaire (2).

(1) A.-P. MATTOT, *Cours d'outils et de Métiers manuels*. Vol. de 328 p. avec 854 gravures, 1912, Bruxelles. Préface de M. V. Devogel. Chez Lebègue.

(2) Du même : *Le travail des Métaux* à l'atelier sco-

Dans la préface du premier de ces livres, M. Devogel demande *l'obligation scolaire jusqu'à 18 ans : primaire, primaire supérieure, industrielle.* L'École Industrielle, dominée par l'*Université du Travail,* comprendra la continuation des études primaires et primaires supérieures et le maniement des machines-outils types. L'apprentissage, autrement dit, la spécialisation, se fera à l'atelier, au chantier, à l'usine. Partout, de 6 à 18 ans, l'enseignement aura pour but le développement général, l'éveil des vocations ; partout on songera à *former l'homme.* Ce seront là les *humanités manuelles ouvrières ou techniques.* La technologie générale jouera dans ce programme un rôle considérable. Le futur ouvrier sera ainsi intégralement formé. *L'éducation technique* de l'homme sera de ce fait réalisée. A tous les degrés d'enseignement elle se placera à côté, sur le même rang que l'éducation physique, intellectuelle, morale

laire. Vol. de 214 p. avec 128 gravures, 1913, Bruxelles. Préface de M. Devogel. Chez Lebègue.

et esthétique. On la poursuivra en même temps que ces dernières à l'école primaire. A l'école primaire supérieure et dans l'enseignement industriel, elle sera basée sur un fonds solide de mathématiques, de sciences naturelles, de dessin. Le cours d'outils est plus qu'une synthèse, c'est, suivant le mot de M. Paul Hymans, la *philosophie du travail manuel.*

M. Mattot, dit après Franklin : ce qui distingue l'homme des autres animaux, c'est qu'il se fabrique des outils. L'auteur fait des outils des listes très complètes. Il en distingue 20 classes. Chaque instrument est décrit et une idée très précise en est donnée. L'ouvrage est illustré de plus de 350 gravures.

Le second ouvrage est consacré au *travail des métaux.* C'est un guide complet sur les matières premières, l'outillage, la pratique du travail des métaux avec indication des exercices de 1re (13 à 14 ans) et de 2e année (14 à 15 ans).

Nous voyons que l'École de Saint-Gilles

admet pleinement la *théorie pédagogique des travaux manuels*, formulée par les Américains de la façon suivante (1) :

« La théorie scientifique de l'éducation par les travaux manuels est définitivement établie. Tout mouvement conscient a son origine dans une excitation des cellules motrices du cerveau. La pensée sans action, peut développer l'imagination, mais laisse inculte la puissance de volonté. La volonté ne peut se développer que par l'action. Tout mouvement musculaire se répercute sur les cellules du cerveau par les sensations, se fixe dans les centres de fixation sous forme de perceptions et d'images. Pour augmenter la réceptivité du cerveau, l'éducation rationnelle veut qu'on varie la nature des mouvements des travaux manuels pour intéresser successivement tous les groupes cellulaires. De ces faits, il résulte que, pour développer la région motrice totale du cerveau, il faut

____

(1) O. BUYSE, *Méthodes américaines d'éducation générale et technique*, 8ᵉ éd., 1918, Dunod et Pinat, Paris.

multiplier les exercices amples et variés, et les régler de façon à aiguiser la sensibilité, à faire jaillir la pensée et à fortifier la volonté. Il en résulte aussi que, si le mouvement devient habituel, il peut se faire sans réflexion et il cesse de développer les cellules motrices, dès lors il n'a plus de valeur éducative. Ce n'est que dans la première période d'excitation que l'action des travaux manuels est efficace. Les exercices poussés au delà du stade éducatif, peuvent devenir des moyens pour préparer à des travaux plus avancés, d'ordre professionnel, mais ils ne sont plus à ranger parmi les branches qui contribuent à la formation générale.

« Il en résulte que l'action éducatrice des diverses formes de travail manuel se mesure par la progression des réactions mentales qu'elles sont capables de provoquer ; c'est pourquoi certains éducateurs font réaliser aux filles les mêmes travaux qu'aux garçons, dans les écoles primaires et même dans les écoles secondaires. »

Dans un article récent (1), M. R. Astier, sénateur, président de la commission de l'enseignement technique en France, se demande pourquoi, posée officiellement depuis 1905, la question de la réorganisation de l'enseignement professionnel en France ne soit pas encore résolue ? L'une des raisons de cette regrettable inertie consiste dans un préjugé trop répandu en France qui tend à considérer le travail manuel comme une sorte de déchéance. Or, il n'y a pas de véritable instruction technique sans travail manuel, affirme M. Astier. Il en constitue la base, le point de départ. Or, par suite d'un travers national qui n'a fait que s'aggraver depuis un siècle, le Français semble tenir le travail manuel poûr une « œuvre servile ». Il ne veut pas voir que sans lui les créations les plus géniales de l'esprit, les idées d'un Papin, d'un Pasteur, d'un Berthelot, ne pourraient être réalisées. La bourgeoisie n'ambitionne plus pour ses

____

(1) R. Astier, *Les travaux manuels.* Le Journal, 15 mai 1917.

fils que l'entrée dans les carrières libérales ou dans le fonctionnarisme.

Nous croyons le danger plus grave encore que ne le signale M. Astier, car la classe ouvrière elle-même pense s'élever d'un échelon en poussant ses fils dans les carrières bureaucratiques. Nous avons vu ce que la Belgique a fait pour l'ouvrier voulant rester ouvrier. Il semble qu'on pourrait réagir efficacement contre les mauvaises tendances et les préjugés par une éducation appropriée. Il y a plusieurs façons de présenter le travail sous un aspect agréable. C'est, en premier lieu, le sentiment de la solidarité humaine qui fait qu'on est heureux et fier de collaborer à une œuvre commune, destinée non à enrichir le patron comme on le pense, mais à portée sociale plus élevée. Il est donc nécessaire de faire comprendre tout ce qui relève et ennoblit le travail. Il y a, en second lieu, le côté esthétique. A cet effet, il sera nécessaire de vulgariser les œuvres des poètes, des sculpteurs, des peintres qui ont fait l'apothéose du travail. La force, le courage, la persévérance ont une expression de beauté. Et le cliquetis des métaux, la chaleur des usines, la flamme des fourneaux, l'extraction du charbon, parlant un langage autrement pénétrant, fier et attirant que les occupations de tout repos d'un fonctionnaire.

Passons maintenant à l'*enseignement technique* proprement dit (1, 2, 3).

Des conseils de perfectionnement de l'enseignement technique ont été créés dans le Hainaut, dans le Brabant et à Bruxelles. La formation technique de l'ouvrier est venue se placer au premier plan des préoccupations sociales de l'époque.

Les nombreuses écoles techniques fondées par la ville de Bruxelles ont des buts nom-

(1) J. Ioteyko, *l'Université du travail de Charleroi et le problème de l'apprentissage* (Revue générale des sciences, 15 février 1917).

(2) Charles Gheude, *l'Enseignement technique dans le Brabant*. Publication de la Ligue de l'Enseignement. 21 p., Bruxelles, 1912.

(3) J.-H. De Wenel, *Enseignement technique pour jeunes gens et adultes*. Enseig. de la ville de Bruxelles. Broch. de 145, p. 1910, Bruxelles.

breux, ce sont principalement : perfectionner le métier, de manière à former des ouvriers d'élite (école de bijouterie, de typographie, de reliure, de dorure, de plomberie, de mécanique, etc.) ; mettre les jeunes gens du pays à même d'exercer en entier une profession accaparée en grande partie par des étrangers (école de coiffure) ; remédier à la préparation insuffisante au point de vue des langues, de la comptabilité ; lutter contre le « machinisme » ; faire naître le goût du beau et du bon ; permettre à l'industrie nationale de soutenir avec avantage la lutte contre la concurrence étrangère (école de lithographie) ; se tenir au courant des progrès ; par le perfectionnement des artisans, travailler à former le goût du public ; démocratiser l'enseignement en le rendant accessible à tous ; créer une profession rémunératrice ; relever un métier tombé en décadence par suite d'un apprentissage pénible et organisé d'une façon rudimentaire ; lutter contre un engoûment immodéré pour les carrières bureaucratiques ; empêcher que l'artisan ne soit réduit au rôle de simple machine, sans aucun idéal ; tenir compte des aptitudes physiques et intellectuelles ; éviter la formation d'artisans incomplets qui encombrent la profession ; établir la connexion entre diverses professions ayant des points de contact. L'enseignement complémentaire des notions qui feraient défaut aux jeunes gens, l'étude de tous les documents présentant un intérêt technique, la création de bibliothèques spéciales, les conférences avec projections lumineuses, les visites des musées, monuments, usines, les excursions, les œuvres post-scolaires, s'unissent pour former un programme complet.

Il nous est impossible de parler de chaque école séparément. Contentons-nous d'indiquer les méthodes d'enseignement mises en œuvre dans quelques-unes.

La caractéristique de l'enseignement de l'*Ecole de dessin, modelage et sculpture sur bois,* consiste en ce que, au contraire des académies spéciales de dessin et de modelage qui n'enseignent en général que le classique, l'école a pour but de faire connaître à l'élève la façon dont il doit comprendre son travail et dont le but est l'application à l'industrie du bâtiment et du mobilier. Le travail est tout d'abord dessiné, ensuite modelé d'après le dessin et terminé par l'exécution en bois du sujet donné. L'élève est initié en même temps à la connaissance des différents styles employés dans l'art décoratif et l'ameublement.

A l'école professionnelle *de mécanique*, les professeurs évitent le travail empirique et donnent la base scientifique la plus rationnelle pour l'exécution de l'objet en fabrication. La construction d'un appareil se fait d'après un plan tracé par l'élève et après vérification du directeur.

L'enseignement de l'Ecole professionnelle *de plomberie* vise à la formation de *plombiers sanitaires diplômés*, comme l'ont demandé les divers Congrès internationaux d'hygiène. Il tente en outre de renouveler l'industrie du plomb ornemental. La technique sanitaire est enseignée en 2ª, 3ª, et 4ª année d'études.

L'élève sortant de 3° année doit être à même d'élaborer un plan complet de canalisations sanitaires et de l'exécuter dans les détails. Le dessin, la physique, la chimie font l'objet d'études sérieuses.

L'École professionnelle de *tapissiers-garnisseurs* exerce ses élèves aux problèmes de l'esthétique et de l'art. Un ouvrier décorateur ne peut pas ignorer les caractères distinctifs des différents styles du mobilier et de la décoration intérieure. Un cours d'histoire de l'Art répond pour le mieux à ces nécessités.

Le cercle *d'études typographiques* a pour but la formation d'ouvriers d'élite permettant à l'imprimerie belge non seulement de lutter avantageusement contre la concurrence étrangère, mais aussi de connaître à nouveau la prospérité et la renommée qu'elle avait acquise au temps de Plantin. Création d'un genre, d'une méthode nationale, permettant de reconnaître les travaux exécutés en Belgique, comme cela peut se faire des travaux exécutés en Allemagne, en France, en Angleterre, etc., chacun de ces pays possédant son genre propre. La devise adoptée : « Relever le niveau de l'art typographique », indique un programme nettement artistique, d'où un but plus élevé : *faire des artisans créateurs*, sans négliger cependant le côté mécanique dont l'importance augmente de jour en jour. Les cours du dessin développent le bon goût, le sens d'observation, l'analyse des sujets compliqués et permettent la construction des ensembles.

Le cours de coloris a trois buts principaux :

1° Permettre à l'ouvrier de faire toutes les tonalités avec sûreté, par une étude de la couleur et de la matière ; 2° Faire de l'ouvrier typographe le collaborateur direct de l'artiste en lui faisant acquérir des notions d'art suffisantes ; 3° Permettre aux ouvriers de se servir des encres de couleur. Ces trois points sont développés en trente leçons ou cours théorique. Le cours pratique comporte soixante leçons.

En ce qui concerne les *Industries du Livre*, la ville de Bruxelles possède une *Ecole profes-*

sionnelle *de reliure et de dorure d'Art* où, à côté des notions d'ordre technique, est donné un cours d'histoire du livre et de la reliure.

L'École commerciale est une école de perfectionnement pour employés.

Et la ville de Bruxelles exprime le vœu de voir se réaliser la création des *Écoles normales techniques* et des *Universités du Travail,* constituant en quelque sorte une *Fédération des Écoles professionnelles du Royaume.* Un second vœu est la propagande en faveur de l'enseignement *professionnel obligatoire* comme conséquence de l'instruction primaire obligatoire.

2. — L'UNIVERSITÉ DU TRAVAIL DE CHARLEROI

Le problème de l'éducation technique et de l'apprentissage compte parmi les plus importants de notre siècle à industrialisation poussée à outrance, et cette portée a grandi démesurément depuis que les événements ont rendu la main-d'œuvre rare, cependant que l'après-guerre marquera un besoin de renouveau, de productivité accélérée. Tous les regards sont tournés pour ainsi dire vers ce côté de la vie, vers son organisation la meilleure, tendant à accroître la productivité.

Nous croyons qu'une étude consacrée aux institutions belges techniques présente un réel intérêt d'actualité, la Belgique étant le pays dont la production industrielle a atteint un taux inconnu jusqu'à présent en Europe, proportionnellement au nombre de ses habitants. *L'Université du Travail* à Charleroi, qui nous est personnellement bien connue, grâce à des visites et des études faites sur place, a échappé heureusement au bombardement dont la ville de Charleroi a subi les effets terribles. Pour sa description nous empruntons ce passage à M. Omer Buyse, ancien directeur de cette institution (1).

« De la butte de Waterloo qui domine l'agglo-

(1) Omer Buyse, *Méthodes américaines d'éducation générale et technique*, 3º éd., 1918. Paris, 847 pages et 398 figures. Le dernier chapitre de l'ouvrage est consacré à l'Université du Travail.

mération de bourgs dont le centre est Charleroi, la vue s'étend sur une région qui n'a
pas d'égale dans le monde au point de vue de
la concentration de l'industrie et la densité
de la population ouvrière. Au premier plan,
la cité qui n'a pas fini sa poussée, et son faubourg descendent vers les rives de la
Sambre ; plus loin le paysage industriel
s'élargit : les châssis à molettes des char-
bonnages émergent de toutes parts et ponc-
tuent les terrils aux dômes arrondis; par
les larges baies des verreries on voit se balan-
cer, d'un rythme majestueux, les boules de
verre rouge-cerise, attachées aux cornues
des souffleurs. La multitude des cheminées
crachent leurs fumées noires ; les hauts
fourneaux détachent leurs lourdes silhouettes
sur des fonderies, des forges, des laminoirs,
des ateliers de construction métallique, mécanique et électrique, des usines de produits
chimiques, de produits réfractaires. Au-
dessus des aciéries s'élèvent, le soir, des
gerbes d'étincelles qui illuminent comme un
gigantesque feu d'artifice le ciel toujours

brumeux. Des panaches de vapeurs blanches, échappées des machines en activité, sont les signes extérieurs du labeur intense que la population ouvrière accomplit pour le pain quotidien, au prix d'efforts et de danger à mille mètres sous terre et à l'ombre des usines. La vue est impressionnante de grandeur.

« La province du Hainaut n'eut pu choisir un site mieux approprié à la première Université du Travail qu'elle créa selon la conception grandiose de M. Paul Pastur, député permanent, et de M. Alfred Langlois, alors inspecteur de l'Enseignement technique du Hainaut. Cette institution synthétise l'activité de ce laborieux Bassin et domine le pays comme un idéal pour le relèvement technique et moral de la classe ouvrière.

« Le titre d'*Université du Travail* qui couvre l'ensemble des organismes d'enseignement technique du Hainaut, concentrés à Charleroi, frappe l'esprit de ceux qui se préoccupent du progrès industriel et de l'éducation ouvrière. Titre de noblesse, hommage tardif accordé au travail manuel à qui l'on prodigue trop rarement compliments et faveurs, parce qu'il se trouve pratiqué par ceux dont on a toujours négligé l'éducation et l'instruction ! »

Les deux bâtiments occupés par l'Université du Travail couvrent un hectare et demi de surface bâtie ; le style en est sobre et sévère ; dans le grand hall s'élève la statue du *Marteleur* de Constantin Meunier. L'institution a été créée par la province du Hainaut, les traditions belges de décentralisation et l'autonomie communale et provinciale qui en résulte, donnant le droit d'initiative aux administrations communales et provinciales. Cette façon d'agir permet d'arriver à une organisation inspirée par les besoins locaux de la population. Dans le cas présent, cette première Université du Travail a vu le jour dans la province la plus industrielle du pays. La direction en a été assumée par M. Omer Buyse, qui avait longuement étudié l'état de l'éducation technique aux Etats-Unis. M. Omer Buyse abandonna ses fonctions en 1914, plusieurs mois à peine avant le début de la guerre et l'invasion de la Belgique, et cela au profit de la seconde Université du Travail, qui allait se fonder à Bruxelles. La capitale de la Belgique n'a pas voulu rester en arrière dans la voie du progrès industriel et technique et elle chargea M. Buyse d'organiser une institution similaire (devant comprendre en outre une section réservée aux femmes), destinée à concentrer l'ensemble des écoles techniques et industrielles de la province du Brabant. Quel sort sera réservé à cette nouvelle création ? Attendra-t-elle sa réalisation dans un avenir que nous souhaitons proche ?

Nous allons résumer brièvement le fonctionnement et le caractère des divers services de l'Université du Travail de Charleroi, en nous guidant sur des documents officiels.

La région de Charleroi compte seize écoles industrielles communales, qui réunissent six mille élèves ouvriers. Entre ces écoles, l'Université du Travail a glissé tout un système d'écoles techniques, à la base duquel se trouvent les *Ecoles professionnelles du jour* et les *Cours professionnels du soir et du dimanche*, l'étage moyen étant constitué par l'*Ecole industrielle supérieure* et le sommet par les *Cours supérieurs de perfectionnement*. A tout jeune homme intelligent et courageux, l'institution offre ainsi une voie ascensionnelle de cours qu'il peut gravir sans faire de sacrifices pécuniaires, pour s'élever du niveau social le plus modeste au savoir technologique le plus élevé.

Une caractéristique remarquable des méthodes d'enseignement admises à l'Université du Travail, c'est leur cachet expérimental; à côté d'une partie théorique, elles comportent de nombreuses manipulations techniques et des essais; elle dispose dans ce but d'une énorme abondance de matériel. C'est ainsi que les phénomènes de la Physique et de la Mécanique, base de presque toutes les industries de construction, sont enseignées sous la forme expérimentale et quantitative qui se rapproche des conditions de l'industrie même. Tous les phénomènes et les lois qui se rapportent à l'écoulement des fluides, par exemple, sont démontrés au moyen de grands appareils, branchés sur une canalisation d'eau de la ville, et dont les pressions et le débit sont réglés par des robinets et mesurés par des compteurs et des manomètres. Les notions sur les propriétés mécaniques des matériaux sont vérifiées sur des appareils d'essais à la flexion, à la traction, à la compression, à la torsion, au choc, identiques à ceux de l'industrie. Les cours sur les machines-outils pour les menuisiers et les modeleurs sont appuyés d'essais sur des machines industrielles ; les notions sur les chaudières, machines à vapeur, sont enseignées par des manipulations pratiques ; le cours d'Électricité est expérimental, de même que celui de Thermodynamique, etc.

Les onze écoles professionnelles du soir et du dimanche sont destinées à former : 1° des imprimeurs et des typographes ; 2° des plombiers et gaziers ; 3° des zingueurs ; 4° des boulangers ; 5° des pâtissiers ; 6° des maraîchers ; 7° des serruriers ferronniers ; 8° des tailleurs ; 9° des modeleurs industriels ; 10° des mouleurs et fondeurs; 11° des ajusteurs-électriciens. Ces écoles n'acceptent que les jeunes gens qui sont effectivement engagés dans le métier; elles sont suivies par 500 apprentis et ouvriers.

L'Ecole de boulangerie de l'Université du Travail est la première en France et en Belgique, et sa création a éveillé une vive curiosité parmi la corporation des boulangers, le métier étant traditionnel, par excellence. Parmi les métiers scientifiques, celui enseigné à l'Ecole de plomberie présente un grand intérêt : il a conservé son caractère manuel. Quant à l'Ecole d'électricité, le pivot des études y enseignées est la technologie électrique qui comporte l'étude expérimentale, dans le laboratoire d'électricité et dans la centrale à courants continu et alternatif, des phénomènes et des lois de l'électricité et des applications relatives à l'éclairage, la force motrice et autres transformations d'énergie électrique. Les cours de Technologie des industries électriques ne sont qu'une longue suite de manipulations qui sont exécutées sur un matériel industriel par les élèves eux-mêmes, guidés par leur professeur ; la théorie des opérations est enseignée dans un cours qui se donne en auditoire dans le laboratoire même. Le dessin technique joue un rôle des plus importants dans cet enseignement. Les écoles du soir ont pour effet d'enrichir les connaissances scientifiques et professionnelles des ouvriers et d'élargir leur capacité d'exécution.

Les *Écoles professionnelles du jour* ont quatre années d'études et sont au nombre de quatre : École professionnelle de Mécanique, École d'Électricité, École de Menuiserie et École de Modelage. Elles sont suivies par 700 apprentis à titre gratuit. Les branches professionnelles qui y sont enseignées donnent aux apprentis une formation préparatoire à tous les métiers. En 1re année d'études, les débutants exécutent une série graduée de travaux de bois et du fer ; leurs aptitudes se précisent et leurs goûts se développent. A la fin de l'année, ils entrent dans une des spécialités techniques qu'ils choisissent sur les conseils des professeurs et des parents. Tous les élèves exécutent eux-mêmes les travaux, entretiennent leurs outils, tracent les plans. Le cours de technologie de la construction, associé à la Mécanique et la Résistance des matériaux, complète la formation technique des ouvriers constructeurs. Un cours expérimental sur le chauffage et les machines à vapeur vient parachever l'éducation professionnelle des chauffeurs mécaniciens. Un salaire d'apprentissage est payé aux élèves de 5 à 20 centimes par heure de travail.

L'Ecole industrielle supérieure est d'un ordre plus élevé. Les employés et les ouvriers qui, grâce à leurs goûts et leurs aptitudes, ont pu sortir des écoles industrielles élémentaires et des écoles professionnelles, trouvent un moyen de se perfectionner dans les cours du soir et du dimanche de l'Ecole industrielle supérieure, répartis en trois années, à raison de neuf heures de cours par semaine. L'Ecole industrielle supérieure exige comme âge d'admission 18 ans, ce qui suppose la fin de l'apprentissage et la connaissance d'une profession. Six cents élèves suivaient ces cours en 1912-13 ; ils sont répartis parmi neuf sections, qui représentent les grandes professions des industries régionales, savoir : A) conducteurs et dessinateurs mécaniciens ; B) électriciens ; C) constructions civiles ; D) mines ; E) industries chimiques ; F) industries métallurgiques ; G) arts industriels ; H) sciences comptables ; I) correspondants. Et c'est un spectacle hautement intéressant que celui de voir les auditoires et les laboratoires bondés d'hommes de 18 à 25 et parfois de 30 ans qui, après les occupations fatigantes de la journée, viennent ici suivre encore des cours pendant trois ans. L'effort déployé est nécessité avant tout par la transformation rapide des modes de travail. L'École industrielle supérieure participe donc activement à la marche du progrès dans ce domaine industriel, en fournissant aux ouvriers déjà formés les bases d'une culture scientifique et technique perfectionnée. Le caractère scientifique des cours qui y sont donnés est nettement ac

ouad. C'est encore l'expérience qui en forme
la base essentielle ; en vue des méthodes expérimentales, l'École possède un outillage
d'essai d'une grande richesse. Il est complet
pour certaines sections (celle de l'électricité,
par exemple). Les laboratoires de métallurgie
et de chimie, à salles spacieuses, sont pour-
vus de tables de manipulation, d'installation
de Tours et de l'appareillage nécessaire à
l'étude de l'électro-chimie.

Les Cours techniques de perfectionnement
sont destinés à la sélection suprême de toute
la jeunesse des praticiens destinés à former
un personnel spécialiste pour les grandes industries du pays. Ces cours comportent au
moins deux cents heures de leçons et de manipulations et ils sont sanctionnés par un
diplôme de technicien.

Il nous reste à parler du *Musée technologique.* Ce musée a pour première tâche de
contribuer au perfectionnement des méthodes de l'enseignement technique ; ce but
est atteint au moyen de l'exposition des travaux des écoles industrielles, par les cours

normaux et par le laboratoire central de ces écoles.

Les cours normaux pour professeurs d'écoles professionnelles et industrielles, ouverts depuis 1905, sont un complément indisponsable de l'enseignement technique. Ces cours ont pour but d'attirer dans la carrière professorale les ouvriers et employés qui ont subi la sélection de son école industrielle supérieure ; la durée de ces cours est de deux ans et ils sont suivis par 80 auditeurs.

Le Musée expédie sans frais, aux écoles qui en font la demande, ses collections technologiques et ses appareils, pour élargir le champ de leurs démonstrations, généralement réduit ; il est en outre accessible aux groupes d'élèves d'autres écoles placés sous la conduite de leurs professeurs ; il organise pour eux dans ses propres laboratoires des essais industriels et des séances expérimentales, en mettant de cette façon les écoles industrielles, trop isolées, en communication d'idées. Dix-sept associations professionnelles, dont treize patronales et quatre ouvrières, le secondent dans ses efforts pour entraîner les catégories professionnelles vers la rénovation du travail.

Le Musée possède de superbes collections, ainsi, des appareils qui constituent les types de mécanismes créés depuis l'invention de la machine à vapeur jusqu'à nos jours, des collections se rapportant aux industries métallurgiques, chimiques, céramiques, à la brasserie, à la distillerie, à la savonnerie et qui montrent synoptiquement les opérations par lesquelles passent les matières premières dans ces industries. Les collections des métiers, avec toute leur variété, servent d'illustration pour le travail. Dans la salle de lecture de la bibliothèque, les visiteurs sont admis à consulter les ouvrages et y faire leurs croquis et projets. Un service de consultations commerciales est appelé à rendre les plus grands services. Mentionnons encore les cours intermittents pour patrons et ouvriers formés, cours rendus démonstratifs et qui offrent une ressource précieuse à ceux qui se croient trop âgés pour suivre les cours réguliers d'une école (ils sont fréquentés par plusieurs milliers d'auditeurs), et les concours professionnels organisés systématiquement et ayant pour but de stimuler les ouvriers dans leur désir de se perfectionner. C'est ainsi que, dans l'espace d'un an, l'Université du Travail a organisé des concours parmi les ouvriers typographes, les tailleurs, plombiers, maçons, plafonneurs, boulangers.

En résumé, l'Université du Travail, fondée sur les principes des méthodes américaines d'éducation technique, rapportées des États-Unis par Omer Buyse, rend les plus grands services à la province industrielle du Hainaut. Ouverte en 1903 avec 152 auditeurs, elle réunit actuellement une population permanente de près de 2000 élèves. Les élèves formés dans ses écoles ont contribué efficacement à améliorer les moyens techniques des usines et ateliers.

3. — L'INITIATIVE BELGE DANS LA RÉÉDUCATION PROFESSIONNELLE DES MUTILÉS DE LA GUERRE EN FRANCE.

Dans ce triomphe de la science appliquée, la province du Hainaut n'oublia point les infortunées victimes des accidents industriels du travail ; elle songea à leur refaire une existence nouvelle basée elle aussi sur le travail productif. *L'École pour estropiés et accidentés du travail*, créée par la province à Charleroi, ne pouvait certes s'attendre au sort glorieux qui lui était réservé quelques années à peine après sa fondation. M. Herriot, maire de Lyon, sénateur du Rhône, n'a pas hésité à déclarer que « toutes les Ecoles de rééducation des mutilés de la guerre devaient être considérées comme des filiales de l'Ecole pour Estropiés de Charleroi ».

Avant de rappeler la part de la Belgique et tout particulièrement de la province du Hainaut dans l'œuvre de rééducation des mutilés en France, consacrons quelques mots à l'École de Charleroi.

Le promoteur de l'École fut M. Pastur, député permanent du Hainaut. Au cours d'une minutieuse enquête il avait appris que la plupart des mutilés industriels étaient réduits à l'inaction. En collaboration avec M. Caty, il présenta au Conseil provincial du Hainault, en 1907, un travail documenté, ayant pour titre : *L'Assistance aux Estropiés par la création d'écoles d'apprentissage et d'ateliers.* Les auteurs demandaient qu'une école semblable fût créée pour la province du Hainaut, à Charleroi. La proposition a été acceptée et la même année une commission composée de MM. Pastur, Caty, Balthazar et Dourlet, fut envoyée en mission en Suède, Norvège, Allemagne, France, pour y étudier les œuvres pour estropiés.

En 1908 on créa à Charleroi l'école pour Estropiés, la seule existant actuellement en Belgique (1), la première en Europe occiden-

(1) Plusieurs mois avant la guerre, la province du Brabant avait pris une initiative semblable.

talo. L'Ecole fut placée sous la direction du
D' Dourlet (1). Le but de l'établissement est
de mettre les estropiés et accidentés du
travail en état de tirer parti de la capacité de
travail qui leur reste ; il faut, pour cela, un
apprentissage spécial, fondé sur la nature de
la dépréciation physique dont ils sont atteints,
ainsi qu'un outillage approprié à leurs aptitudes subsistantes. L'Ecole pour Estropiés
est reliée aux institutions techniques fondées
par la province du Hainaut, en particulier à
l'Université du Travail de Charleroi. Chaque
apprenti, après le premier mois, est rétribué.
Le service de la cantine est gratuit. Les ateliers principaux sont ceux des tapis, de van-
nerie, de brosserie, de sellerie-bourrellerie,
d'orthopédie, ainsi que l'école des tailleurs,
de reliure et de cartonnage, de cordonnerie,
de comptabilité. L'Ecole des estropiés de
Charleroi répondait à un besoin ; sa popula-

<hr>

(1) Dourlet, *L'Ecole provinciale d'Apprentissage et les
Ateliers pour Estropiés de Charleroi.* Revue Psychologique, vol. I, 1908, p. 280-287.

tion, dès son début, en est la plus belle preuve. Son fonctionnement a rendu de grands services en donnant à des estropiés, voués le plus souvent à la mendicité et à une vie de privation, un métier qui leur permettra de vivre de leur travail d'une façon honorable. D'après des renseignements qui nous sont parvenus, l'Ecole de Charleroi a déjà commencé à recevoir des mutilés de la guerre.

Plusieurs mois avant la guerre, M. Herriot, maire de Lyon, visita l'Ecole pour Estropiés à Charleroi. Il fut frappé par son utilité pratique et son rôle humanitaire. « On pouvait voir, par exemple, un amputé des deux avant-bras occupé, grâce à des appareils spéciaux, à clouer des brosses, l'un des moignons portait une masse d'acier servant de marteau, l'autre une marrebette de cuir garnie d'un aimant pour placer les clous. L'école avait son atelier de prothèse où l'ingéniosité du médecin cherchait des solutions aux problèmes les plus variés. Le développement intellectuel des élèves était l'objet des mêmes soins que leur rééducation physiologique (1). »

Le maire de Lyon était résolu de fonder une école semblable dans sa ville, lorsque éclata la guerre mondiale et déplaça l'axe des préoccupations vers un autre domaine. C'est alors qu'il adapta les méthodes de Charleroi à la rééducation des victimes de la guerre et ouvrit à Lyon la *première école pour Mutilés* le 16 décembre 1914. Il en a confié l'organisation et la direction à M. Basèque, le secrétaire de l'Université du Travail de Charleroi. La collaboration de l'Université carolorégienne s'est donc affirmée de façon éclatante et M. Poincaré, parcourant l'Institut Lyonnais, a pu se rendre compte des premiers résultats de cette belle coopération franco-belge : des centaines de blessés de la guerre, des amputés du membre supérieur ou du membre inférieur, des ankylosés, redevenaient peu à peu aptes à reprendre le travail grâce aux ingénieux appareils et systèmes de rééduca-

(1) Ed. Herriot, *L'École des blessés.* Le Journal, Paris 23 novembre 1914.

tion, imaginés par le personnel technique de l'Institut.

La deuxième *Ecole professionnelle pour Mutilés* a été celle de Saint-Maurice (Paris).

C'est encore à des collaborations belges que l'on s'est adressé en créant la troisième *Ecole professionnelle pour Mutilés*, qui est celle de Montpellier. Son directeur technique est M. Dronsart, secrétaire général des écoles provinciales d'enseignement technique du Tournaisis.

Elle a pour directeur médical le Dr Jeanbrau, professeur à la Faculté de Montpellier. L'Institut s'est modelé sur celui de Charleroi. Il compte parmi ses professeurs M. Tamenne, de Charleroi, amputé du bras droit, et qui y donne le cours d'écriture et d'éducation de la main gauche. Des professeurs spécialistes y enseignent la menuiserie, l'ébénisterie, le vernissage, le tournage du bois, le dessin industriel, la comptabilité, la sténo-dactylographie, etc.

Les Ecoles de Lyon et de Montpellier, organisées et dirigées par deux Belges, sont des

Institutions dépendant exclusivement du Gouvernement français et ne reçoivent en principe que des élèves français. Néanmoins, l'Ecole de Montpellier possède un gros contingent de mutilés russes et recevra dans quelque temps des mutilés serbes. Quant aux blessés belges, leur rééducation s'accomplit à *l'Ecole belge de Port-Villez* (Eure), qui a été ouverte en octobre 1915. Cette école ainsi que le *dépôt belge des Invalides de la guerre* à Saint-Adresse, sont des créations du Ministère de la Guerre de Belgique, sans participation des membres de l'enseignement technique du Hainaut. Toutefois, indirectement, l'Ecole de Charleroi a servi de modèle à toutes les Ecoles pour mutilés créées en France depuis la guerre.

Il y a lieu de mentionner ici la part prise par les Belges dans l'invention de nouveaux appareils de prothèse. Ils se divisent en deux grands groupes : 1º Appareils de prothèse du membre inférieur (pilons et jambes artificielles) ; 2º Appareils de préhension (membre supérieur).

Pour les membres inférieurs, des constructions des plus intéressantes ont été faites par des Belges. Le Dʳ Hendrickx (hôpital de Rouen) et le Dʳ Martin (hôpital Depage à La Panne) ont conçu des types de jambes en bois (système américain) qui sont remarquables. Il nous a été donné de voir la démonstration de certains modèles au *Congrès interallié pour l'étude de la rééducation professionnelle*, lequel s'est tenu à Paris, au Grand-Palais, en mai 1917. Le Gouvernement français s'est intéressé vivement à ces appareils et en a admis le principe. *L'armée belge a, la première, adopté le système de jambes américaines.*

M. Dronsart (1) a fait construire à l'Ecole de Montpellier des appareils de préhension

(1) ED. DRONSART, *La rééducation des mutilés de la guerre*. La Revue méridionale des Idées, novembre 1916, Montpellier ; *Le perfectionnement des appareils orthopédiques pour la rééducation professionnelle*. Bulletin de l'œuvre des Mutilés de la guerre de la XVIᵉ région, 1ᵉʳ octobre 1916, Montpellier. Voir aussi : Dʳ JEANBRAU, *L'Ecole professionnelle des blessés de la XVIᵉ région à Montpellier*. Broch. de 96 p., 1916, Montpellier.

qui ont donné toute satisfaction puisqu'ils ont été adoptés par le Service de Santé ; ils sont remis à tous les amputés appareillés dans la XVI° région. Relevons une innovation des plus intéressantes. L'école a réussi à apprendre aux mutilés la profession de fabricant des appareils de prothèse. Ceci présente deux avantages incontestables : 1° Le contingent des spécialistes de cette branche est devenu très insuffisant depuis que les nécessités de la guerre ont conduit à l'invention de nouveaux appareils d'orthopédie ; c'est donc, en quelque sorte, un métier rénové qui a surgi et il était juste d'en faire profiter en premier lieu les victimes mêmes de la guerre ; 2° Les soldats mutilés, devenus eux-mêmes fabricants d'appareils, sont des conseillers précieux pour le constructeur qui conçoit les instruments devant remplacer les membres absents ou paralysés.

Nous avons jugé intéressant d'ajouter cette courte notice à l'actif des méthodes belges d'éducation technique : au moment même où la ville de Charleroi était bombardée par l'ennemi, son influence rayonnait à travers le monde, son initiative on faisait l'associée de la France dans la grande œuvre de réfection des hommes revenus de la guerre « incomplets » et désormais reconquis au travail et à la société.

TABLE DES MATIÈRES

Avant-Propos 1

I. — LE MOTEUR HUMAIN

1. Définition du Problème 5

2. Le Problème de l'apprentissage . . . 10

Importance de l'élément psychique.—
Le principe des petits muscles. —
Recherches de Omer Buyse. — Loi de
l'économie de l'effort de J. Ioteyko.

3. Mode de fonctionnement économique de
l'organisme 19

Recherches de Imbert.—Les pêcheuses
de Haughton. — Rôle des muscles antagonistes.—Adaptation des muscles.
— Rôle défensif de la fatigue. — Insuffisance du principe phylactique de
la fatigue dans les conditions du travail industriel. — D'où nécessité de
recherches objectives.

4. La mesure de la fatigue professionnelle 33

L'usure de l'organisme se fait en progression géométrique. — On ne doit
fixer la journée de travail d'une façon uniforme. — La fatigue est une
résultante complexe. — XIII° Congrès
international d'Hygiène et de Démographie, tenu à Bruxelles en 1903. —
Notre plan d'étude. — Rapport de
Imbert. — Expériences de Imbert sur
les dockers et celles de Gauthier sur
les ouvriers de chais. — XIV° Congrès
d'hygiène et de Démographie, tenu à
Berlin en 1907. — Statistiques des
accidents du travail. — Recherches
de Imbert et Mestre sur le transport
des fardeaux. — Recherches de Imbert sur les ouvrières travaillant sur
les boutures de vignes. — Chapitre
nouveau de la médecine sociale.

II. — LE TAYLORISME

1. Études de Taylor sur l'organisation
du travail 70

Sélection des ouvriers. — Chronométrage de leurs mouvements. — Exemples de rendement augmenté. —
Etude des composantes du travail. —
Le facteur humain est de beaucoup le
plus important. — Le système des

primes. — Le Scientific Management.
— Organisation scientifique des
usines et de la maison.

2. Ce qu'il faut penser du système
Taylor 95

Trois grands reproches : absence de
données scientifiques concernant la
fatigue des ouvriers, absence de garantie pour l'ouvrier en ce qui touche
l'avenir, le système des « primes »
conduisant au surmenage et ne satis-
faisant pas au point de vue moral. —
Gravité des autres objections. — Nécessité d'étudier ce système scientifiquement à fond et ne l'appliquer à
l'heure actuelle qu'avec réserve. —
Différence entre le travail manuel industriel et le travail manuel pédagogique. — Nécessité d'augmenter la
productivité et le bien-être de l'ouvrier.

3. Rôle de l'École dans la détermination
des aptitudes 112

La Science de l'Enfant ou Pédologie.
— Nécessité des mensurations exploratrices dans les Ecoles primaires
supérieures du 4ᵉ degré et les Ecoles
professionnelles. — Mesure des aptitudes techniques. — Le principe du
« plus apte » devra régler notre société future.

III. — LA FORCE ET L'APTITUDE AU TRAVAIL

1. Evaluation de la force et du travail de la main droite et de la main gauche. Comparaison anthropométrique des sexes 118

L'épreuve de force (dynamomètre)et l'épreuve de fonds (ergographe). — L'indice dynamométrique. — L'indice ergographique. — L'indice bima-nuel. — L'indice sexuel de force et de résistance. — La résistance de la femme. — Applications au travail industriel. — Nécessité d'une sélec-tion des ouvrières. — Comparaison avec d'autres données : la longévité de la femme, sa résistance aux ma-ladies sont plus grandes ; le sexe féminin est déterminé par les meilleures conditions de nutrition. — La femme est un être anabolique, l'homme un être catabolique. — Sta-tistiques de Worms. — Statistiques en temps de guerre.

2. Une nouvelle théorie de la droiterie) (théorie psycho-physiologique) . . 141

Effets du travail et de la fatigue sur le cœur. — La femme a le cœur plus excitable que l'homme : des travaux

très durs devraient lui être épargnés.

3. Éducation ambidextre 160

Faits et arguments se prononçant en
faveur de l'éducation bimanuelle.

4. Alimentation et travail 166

Nos expériences démontrant la supériorité des végétariens au point
de vue de la résistance au travail. —
Les deux jours sans viande sont une
mesure hygiénique au même titre
qu'économique.

5. L'usage de la main gauche chez les
mutilés. (Quelques règles scientifiques de rééducation) 171

Nécessité, chez les aphasiques, de
développer un nouveau centre du
langage au moyen d'exercices appropriés. — Apprendre à la main
gauche les mêmes mouvements
qu'exécutait auparavant la main
droite dans le métier exercé par le
mutilé. — L'apprentissage d'un métier avec la gauche se fera suivant
les règles de la symétrie opposée. —
L'usage de la gauche seule ne peut
s'étendre à tous les métiers. — Les
métiers exigeant un grand effort ne
pourront être choisis.

260 TABLE DES MATIÈRES

6. L'ÉCRITURE DE LA MAIN GAUCHE CHEZ LES
MUTILÉS 187

IV. — LES MÉTHODES BELGES D'ENSEIGNEMENT TECHNIQUE

1. ÉDUCATION TECHNIQUE PROGRESSIVE A
TRAVERS LES ÉCOLES 199

2. L'UNIVERSITÉ DU TRAVAIL DE CHARLEROI. 228

3. L'INITIATIVE BELGE DANS LA RÉÉDUCATION
PROFESSIONNELLE DES MUTILÉS DE LA
GUERRE EN FRANCE 244

Saint-Amand (Cher). — Imprimerie Bussière.

www.ingramcontent.com/pod-product-compliance
Ingram Content Group UK Ltd.
Pitfield, Milton Keynes, MK11 3LW, UK
UKHW021017140726
13695UKWH00001B/324